Arbeitsheft

Ausgabe Bayern

Erarbeitet von
Mechtilde Balins (Günzburg)
Rita Dürr (Reutlingen)
Nicole Franzen-Stephan (Ratingen)
Petra Gerstner (Stuttgart)
Ute Plötzer (Haan)
Anne Strothmann (Raesfeld)
Margot Torke (Altenstadt a. d. Iller)
Lilo Verboom (Düsseldorf)

Mit Unterstützung von
Claudia Buchta (Schwaig b. Nürnberg)
Anja Reinhardt (Altdorf b. Nürnberg)

Illustriert von
Cleo-Petra Kurze
Martina Theisen

Oldenbourg Schulbuchverlag, München

Inhaltsverzeichnis

Erläuterung der farbigen Überschriften auf den Arbeitsheftseiten:

Wiederholung   Zahlen und Operationen   Raum und Form   Größen und Messen   Daten und Zufall

1 Wann beginnen die Sommerferien 2018? Wann enden sie?

Bundesländer	2018	Beginn	Ende
Baden-Württemberg	26.07. – 08.09.		
Bayern	30.07. – 10.09.		
Berlin	05.07. – 17.08.		
Brandenburg	05.07. – 18.08.		

2 Suche dir mindestens drei Bundesländer aus.
Wie viele Tage dauern die Sommerferien 2018?

Bundesländer	2018	Tage
Bremen	28.06. – 08.08.	
Hamburg	05.07. – 15.08.	
Hessen	25.06. – 03.08.	
Mecklenburg-Vorp.	09.07. – 18.08.	
Niedersachsen	28.06. – 08.08.	
Nordrhein-Westfalen	16.07. – 28.08.	
Rheinland-Pfalz	25.06. – 03.08.	
Saarland	25.06. – 03.08.	
Sachsen	02.07. – 10.08.	
Sachsen-Anhalt	28.06. – 08.08.	
Schleswig-Holstein	09.07. – 18.08.	
Thüringen	02.07. – 11.08.	

In der Tabelle wird immer der erste und der letzte Ferientag angegeben.

Juni

Mo	Di	Mi	Do	Fr	Sa	So
				1	2	3
4	5	6	7	8	9	10
11	12	13	14	15	16	17
18	19	20	21	22	23	24
25	26	27	28	29	30	

Juli

Mo	Di	Mi	Do	Fr	Sa	So
						1
2	3	4	5	6	7	8
9	10	11	12	13	14	15
16	17	18	19	20	21	22
23	24	25	26	27	28	29
30	31					

August

Mo	Di	Mi	Do	Fr	Sa	So
		1	2	3	4	5
6	7	8	9	10	11	12
13	14	15	16	17	18	19
20	21	22	23	24	25	26
27	28	29	30	31		

September

Mo	Di	Mi	Do	Fr	Sa	So
					1	2
3	4	5	6	7	8	9
10	11	12	13	14	15	16
17	18	19	20	21	22	23
24	25	26	27	28	29	30

3 An welchen Tagen haben alle Kinder in Deutschland Sommerferien?

_____

_____

4 Schaue auf die Tabellen von Aufgabe 1 und 2.
Wie musst du in Deutschland umziehen, um möglichst lange Ferien zu haben?

Ich wohne zuerst in _____

und ziehe dann nach _____

Fredo 3 Mathematik – Arbeitsheft © 2015 Cornelsen Schulverlage GmbH, Berlin

1 Löse die Aufgaben am Rechenstrich.

a)   46 + 23 = _69_   26 + 54 = ____   38 + 25 = ____

+ 20   + 3

46   66   69

46 + 43 = ____   23 + 57 = ____   57 + 36 = ____

63, 69, 80, 80, 89, 93

b)   46 – 23 = ____   56 – 36 = ____   72 – 25 = ____

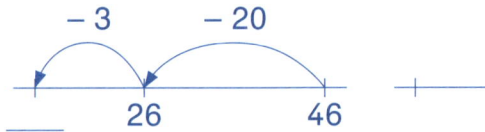

– 3   – 20

____   26   46

46 – 35 = ____   58 – 23 = ____   53 – 28 = ____

11, 20, 23, 25, 35, 47

 c) Wie hast du die Aufgabe 53 – 28 gelöst?
Vergleiche mit deinem Partner.
Gibt es unterschiedliche Rechenwege?

2 Ergänze am Rechenstrich.    Ergänzen

48 + ____ = 82   57 + ____ = 95   28 + ____ = 53

+ 2

48   50   82

Fredo 3 Mathematik – Arbeitsheft © 2015 Cornelsen Schulverlage GmbH, Berlin

3 Rechne vorteilhaft im Kopf mit dem grünen Koffer.

a) 56 + 29 = ____

43 + 19 = ____

24 + 38 = ____

65 + 28 = ____

56 + 30 – ___

56 – 30 + ___

Mit der Zehnerzahl

b) 56 – 29 = ____

43 – 19 = ____

54 – 28 = ____

65 – 48 = ____

4 Rechne im Kopf oder notiere deinen Rechenweg.

a)   57 + 28 = ____   36 + 47 = ____   44 + 39 = ____

b)   54 – 26 = ____   84 – 39 = ____   62 – 48 = ____

 c)   Vergleicht und erklärt eure Rechenwege.

5 Welche Zahlen sind verdeckt?
Trage immer zuerst unten die passende Zahl ein.

In Schritten vorwärts / zurück

a) 46 + 22 = ____   65 + 13 = ____   b) 45 – 23 = ____   87 – 53 = ____

46 + 20 + ⬤   65 + ⬤ + 3   45 – 20 – ⬤   87 – ⬤ – 3

6 Welche Zahlen sind verdeckt?
Trage immer zuerst unten die fehlende Zahl ein.

In Schritten vorwärts / zurück

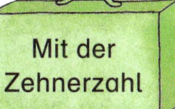

Mit der Zehnerzahl

a) 56 + 25 = ____   56 + 29 = ____   46 + 35 = ____   37 + 48 = ____

56 + 20 + ⬤   56 + 30 – ⬤   46 + ⬤ + 5   37 + 50 – ⬤

b) 62 – 19 = ____   43 – 27 = ____   72 – 48 = ____   53 – 36 = ____

62 – 20 + ⬤   43 – 20 – ⬤   72 – 50 + ⬤   53 – ⬤ – 6

7 45 + 38 = ____ + 40   69 + 23 = ____ + 24   92 – 39 = ____ – 40

1 Aufgaben mit Ziffernkarten ⬚2 ⬚3 ⬚4 ⬚5

23 + 45 = ____   34 + 25 = ____   35 + 24 = ____
23 + 54 = ____   34 + 52 = ____   35 + ____ = ____
32 + 45 = ____   43 + 25 = ____   53 + ____ = ____
32 + 54 = ____   43 + ____ = ____   53 + ____ = ____

2 Bilde möglichst viele Aufgaben mit zweistelligen Zahlen.   ⬚1 ⬚2 ⬚3 ⬚6

____ + ____ = ____   ____ + ____ = ____   ____ + ____ = ____
____ + ____ = ____   ____ + ____ = ____   ____ + ____ = ____
____ + ____ = ____   ____ + ____ = ____   ____ + ____ = ____
____ + ____ = ____   ____ + ____ = ____   ____ + ____ = ____

📓 Suche dir selbst vier Zahlen aus und bilde Aufgaben wie bei Nummer 2.

3 Aufgaben-Paare mit vertauschten Ziffern

a)
43 + 54 = ____   27 + 31 = ____   35 + 43 = ____   23 + 74 = ____
34 + 45 = ____   72 + 13 = ____   53 + ____ = ____   ____ + ____ = ____

b)
47 − 32 = ____   46 − 12 = ____   58 − 45 = ____   79 − 67 = ____
74 − 23 = ____   64 − 21 = ____   85 − ____ = ____   ____ − ____ = ____

Was fällt dir bei den Ergebnissen auf?

_____

_____

4 Bilde Minusaufgaben-Paare wie bei Aufgabe 3b.

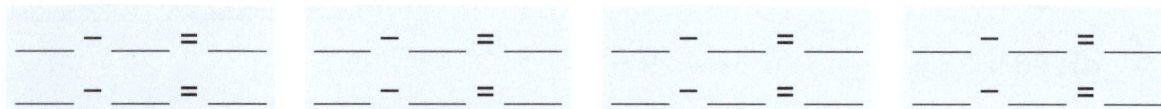

____ − ____ = ____   ____ − ____ = ____   ____ − ____ = ____   ____ − ____ = ____
____ − ____ = ____   ____ − ____ = ____   ____ − ____ = ____   ____ − ____ = ____

5 Setze die Ziffern richtig ein.   ⬚1 ⬚3 ⬚8 ⬚9

⬚⬚ − ⬚⬚ = 76   ⬚⬚ − ⬚⬚ = 58   ⬚⬚ − ⬚⬚ = 42

⬚⬚ − ⬚⬚ = 67   ⬚⬚ − ⬚⬚ = 85   ⬚⬚ − ⬚⬚ = 64

Fredo 3 Mathematik – Arbeitsheft © 2015 Cornelsen Schulverlage GmbH, Berlin

Freizeitsport der Klasse 3b

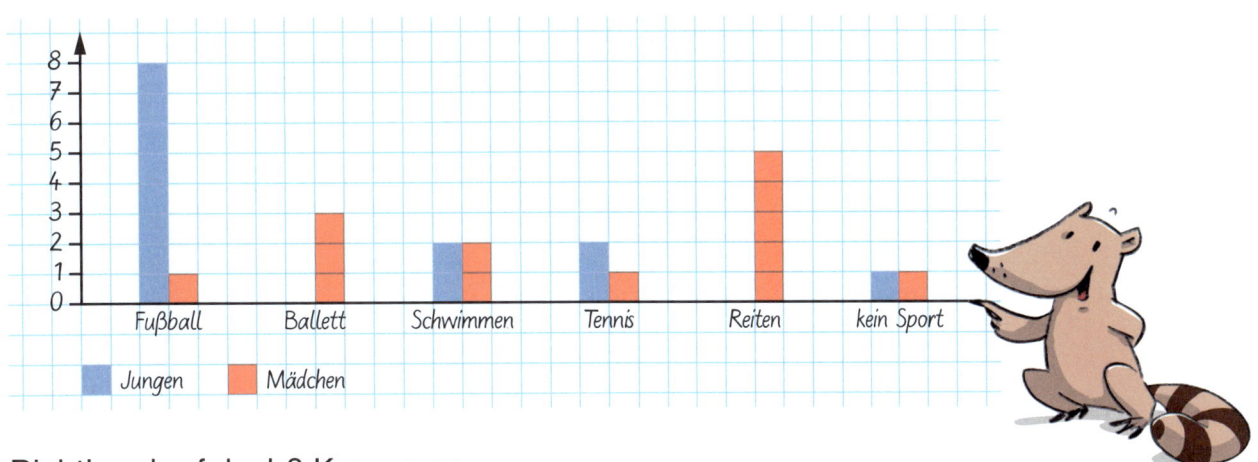

1 Richtig oder falsch? Kreuze an.

		richtig	falsch
a)	Die meisten Jungen spielen Fußball.	☐	☐
b)	Gleich viele Jungen und Mädchen schwimmen.	☐	☐
c)	Die wenigsten Jungen spielen Tennis.	☐	☐
d)	Reiten ist bei den Mädchen beliebter als Ballett.	☐	☐
e)	Mehr Mädchen als Jungen spielen Tennis.	☐	☐
f)	In der Klasse 3b sind 25 Kinder.	☐	☐

2 Richtig oder falsch? Kreuze an.

		richtig	falsch
a)	Die wenigsten Kinder spielen Tennis.	☐	☐
b)	Reiten ist in der Klasse 3b beliebter als Schwimmen.	☐	☐
c)	Schwimmen ist bei den Kindern nicht so beliebt wie Tennis.	☐	☐
d)	Weniger als die Hälfte der Klasse spielt Fußball.	☐	☐

3 a) Stelle die Angaben aus der Tabelle in einem Säulendiagramm dar.

Schwimmabzeichen der Klasse 3a	J	M
Seepferdchen	5	6
Bronze	2	1
Silber	1	2
Gold	0	0
kein Abzeichen	4	5

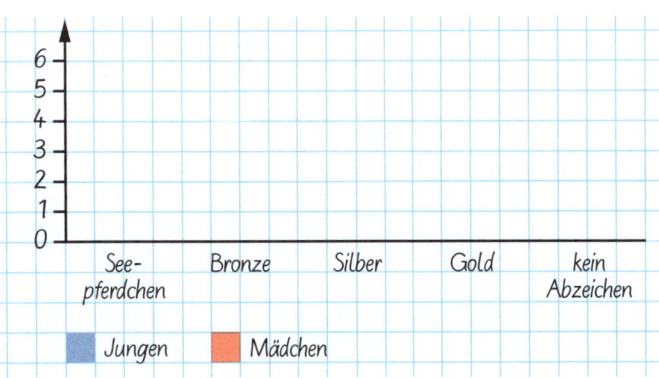

b) Stellt euch Fragen zum Säulendiagramm wie bei Aufgabe 1 und 2.

Fredo 3 Mathematik – Arbeitsheft © 2015 Cornelsen Schulverlage GmbH, Berlin

1   Rechne.

a)   1 · 4 = ___   b)   1 · 6 = ___   c)   1 · 7 = ___   d)   1 · 8 = ___   e)   1 · 9 = ___

2 · 4 = ___   2 · 6 = ___   2 · 7 = ___   2 · 8 = ___   2 · 9 = ___

5 · 4 = ___   5 · 6 = ___   5 · 7 = ___   5 · 8 = ___   5 · 9 = ___

10 · 4 = ___   10 · 6 = ___   10 · 7 = ___   10 · 8 = ___   10 · 9 = ___

2   Quadrataufgaben: Rechne.

2 · 2 = ___   4 · 4 = ___   6 · 6 = ___   8 · 8 = ___   10 · 10 = ___

3 · 3 = ___   5 · 5 = ___   7 · 7 = ___   9 · 9 = ___   1 · 1 = ___

3   Rechne. Die Kernaufgaben helfen.

a)   4 · 3 = ___   b)   8 · 8 = ___   c)   4 · 4 = ___   d)   8 · 6 = ___   e)   2 · 7 = ___

5 · 3 = ___   9 · 8 = ___   5 · 4 = ___   9 · 6 = ___   4 · 7 = ___

6 · 3 = ___   10 · 8 = ___   6 · 4 = ___   10 · 6 = ___   8 · 7 = ___

4   Welche Kernaufgabe hilft dir? Schreibe sie auf. Rechne.

a)   9 · 3 = ___   b)   4 · 7 = ___

   <u>10</u> · <u>3</u> = <u>30</u>   ___ · ___ = ___

c)   6 · 7 = ___   d)   9 · 5 = ___

   ___ · ___ = ___   ___ · ___ = ___

e)   8 · 4 = ___   f)   9 · 6 = ___

   ___ · ___ = ___   ___ · ___ = ___

 Vergleiche mit deinem Partner. Welche Kernaufgaben habt ihr benutzt?

5   Löse die Rechentabelle.

·	2	4	8
3			
6			
9			
0			

6   Welche Malaufgaben können es sein?

a)   Ihr Ergebnis ist um 4 größer als 6 · 6.   _____

b)   Ihr Ergebnis ist um 7 kleiner als 6 · 7.   _____

c)   Ihr Ergebnis ist um 8 kleiner als 8 · 5.   _____

d)   Ihr Ergebnis ist größer als 2 · 8 und kleiner als 4 · 5.   _____

Fredo 3 Mathematik – Arbeitsheft © 2015 Cornelsen Schulverlage GmbH, Berlin

Malnehmen und teilen

1 Aufgabe und Umkehraufgabe

Überlege, mit welcher Aufgabe du beginnst.

a) 28 : 4 = ____   b) 36 : 9 = ____   c) 42 : 6 = ____

____ · 4 = 28   ____ · 9 = 36   ____ · 6 = 42

2 3 Zahlen – 4 Aufgaben

| 6 | 8 | 48 |

| 7 | | 56 |

| | | 18 |

__6__ · __8__ = __48__   ____ · ____ = ____   ____ · ____ = ____

__8__ · __6__ = ____   ____ · ____ = ____   ____ · ____ = ____

____ : ____ = ____   ____ : ____ = ____   ____ : ____ = ____

____ : ____ = ____   ____ : ____ = ____   ____ : ____ = ____

3 Rechne. Was fällt dir an den Ergebnissen auf? Setze die Reihe fort.

a) 8 : 2 = ____   b) 27 : 9 = ____   c) 72 : 8 = ____

12 : 3 = ____   32 : 8 = ____   56 : 7 = ____

16 : 4 = ____   35 : 7 = ____   42 : 6 = ____

20 : 5 = ____   36 : 6 = ____   30 : 5 = ____

____ : 6 = ____   ____ : 5 = ____   ____ : __ = ____

____ : __ = ____   ____ : __ = ____   ____ : __ = ____

a) _____

b) _____

c) _____

4 Teile diese Zahlen: 56   32   40   24   48

a) Das Ergebnis soll gleich 8 sein.   b) Das Ergebnis soll kleiner als 8 sein.

5 6 : 7 = 8

Fredo 3 Mathematik – Arbeitsheft © 2015 Cornelsen Schulverlage GmbH, Berlin

1 Wie viele 7er-Türme kannst du bauen? Wie viele Würfel bleiben übrig?

26 : 7 = ____ R ____   32 : 7 = ____ R ____   37 : 7 = ____ R ____

2 Rechne.

a) 45 : 5 = _____   b) 45 : 5 = _____   c) 49 : 7 = _____   d) 49 : 7 = _____

46 : 5 = _____   44 : 5 = _____   51 : 7 = _____   47 : 7 = _____

47 : 5 = _____   43 : 5 = _____   53 : 7 = _____   45 : 7 = _____

48 : 5 = _____   42 : 5 = _____   55 : 7 = _____   43 : 7 = _____

49 : 5 = _____   41 : 5 = _____   57 : 7 = _____   41 : 7 = _____

50 : 5 = _____   40 : 5 = _____   59 : 7 = _____   39 : 7 = _____

3 Wie heißt die gesuchte Zahl? Male sie an.

a)

Wenn ich meine Zahl durch 4 teile, erhalte ich als Ergebnis 7 R 2.

31   29   30

b)

Wenn ich meine Zahl durch 9 teile, erhalte ich als Ergebnis 7 R 3.

65   66   67

Denke dir selbst ein Zahlenrätsel wie Anton und Anni aus.

4 Ordne die Geteiltaufgaben den Kisten zu. Male in der richtigen Farbe an.

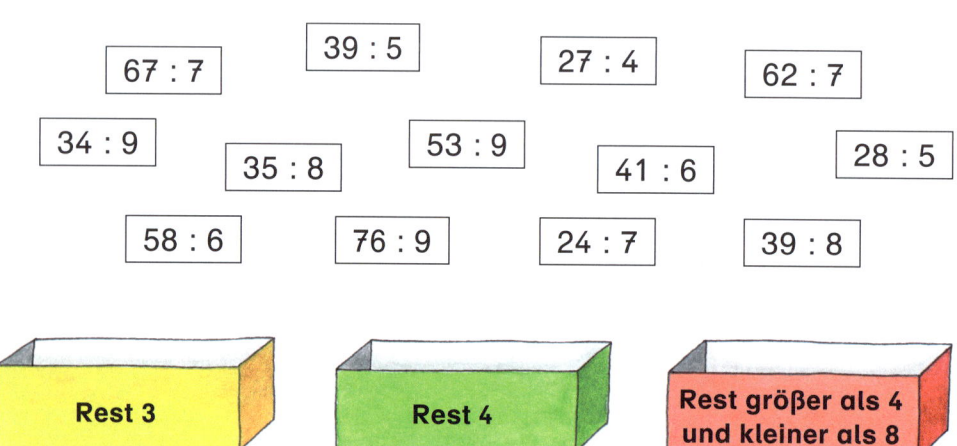

67 : 7   39 : 5   27 : 4   62 : 7

34 : 9   35 : 8   53 : 9   41 : 6   28 : 5

58 : 6   76 : 9   24 : 7   39 : 8

Achtung! 1 Karte bleibt übrig.

Rest 3   Rest 4   Rest größer als 4 und kleiner als 8

Fredo 3 Mathematik – Arbeitsheft © 2015 Cornelsen Schulverlage GmbH, Berlin

1 Aufgabe und Umkehraufgabe: Rechne und male mit gleicher Farbe an.

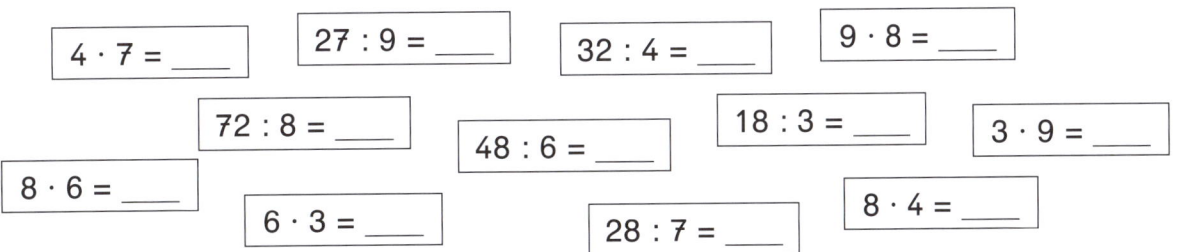

$4 \cdot 7 =$ ____ $27 : 9 =$ ____ $32 : 4 =$ ____ $9 \cdot 8 =$ ____

$72 : 8 =$ ____ $48 : 6 =$ ____ $18 : 3 =$ ____ $3 \cdot 9 =$ ____

$8 \cdot 6 =$ ____ $6 \cdot 3 =$ ____ $28 : 7 =$ ____ $8 \cdot 4 =$ ____

2 Setze ein: $<$, $>$, $=$. Musst du überall rechnen?

a) $24 : 4 \bigcirc 48 : 8$ b) $42 : 6 \bigcirc 40 : 8$ c) $40 : 4 \bigcirc 40 : 10$

d) $27 : 3 \bigcirc 24 : 4$ e) $28 : 4 \bigcirc 56 : 8$ f) $80 : 10 \bigcirc 32 : 4$

3 Immer zwei Zahlen passen nicht. Streiche durch und erkläre.

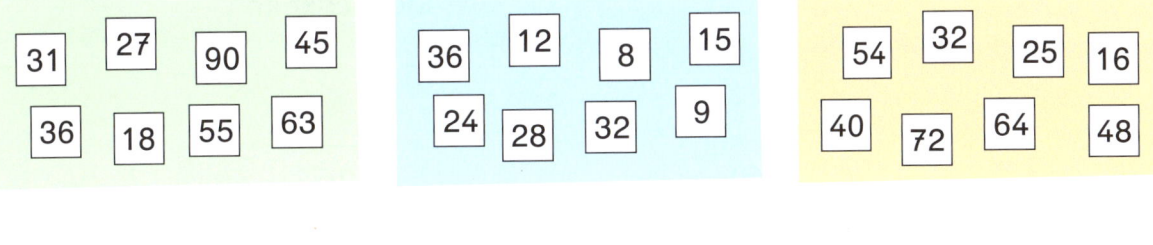

| 31 | 27 | 90 | 45 |
| 36 | 18 | 55 | 63 |

| 36 | 12 | 8 | 15 |
| 24 | 28 | 32 | 9 |

| 54 | 32 | 25 | 16 |
| 40 | 72 | 64 | 48 |

_____   _____   _____

_____   _____   _____

Vergleiche mit einem Partner.

4 Welche Zahl ist es?

a) Du kannst die Zahl durch 7 teilen.
   Die Zahl ist eine Nachbarzahl von 50. ____

b) Die Zahl ist kleiner als 20, aber größer als 10.
   Die Zahl ist gerade. Sie gehört zum Einmaleins mit 9. ____

5 Zahlenrätsel

Die Zahl ist um 25 kleiner als $7 \cdot 9$.

Teile 81 durch 9 und zähle zum Ergebnis 42 dazu.

Ich nehme meine Zahl mit 6 mal. Das Ergebnis teile ich durch 4 und erhalte 9.

____   ____   ____

Schreibe selbst ein Zahlenrätsel wie bei Aufgabe 4 oder 5.

Fredo 3 Mathematik – Arbeitsheft © 2015 Cornelsen Schulverlage GmbH, Berlin

11

1 Rechne.

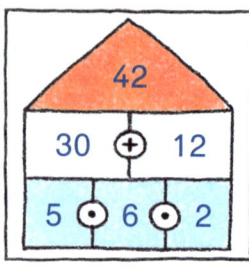 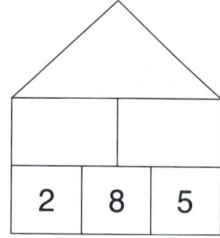 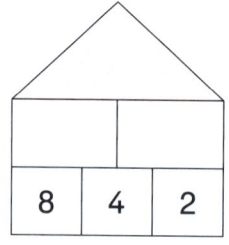 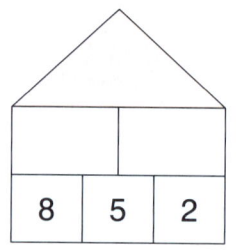 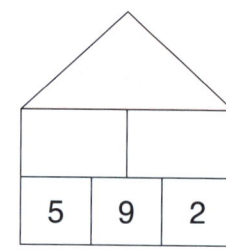

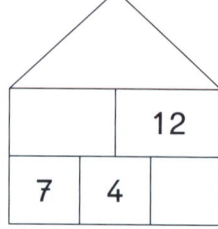 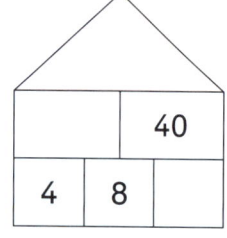 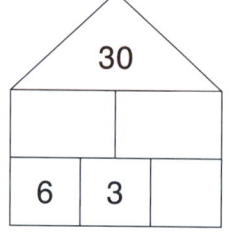 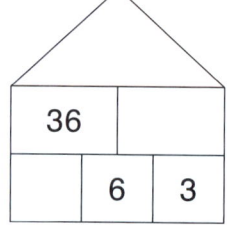 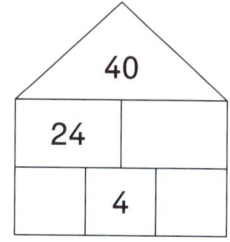

2 Finde die fehlenden Zahlen.

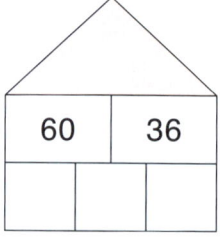 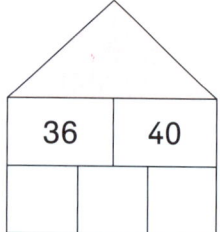

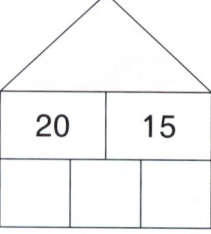 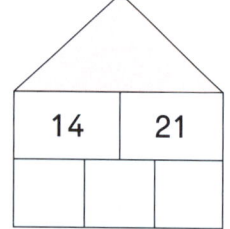

3 Finde jeweils zwei verschiedene Möglichkeiten.

a)

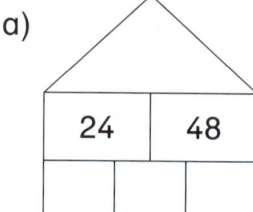 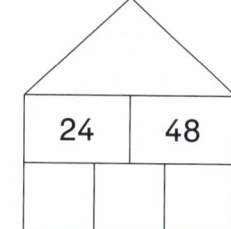

b)

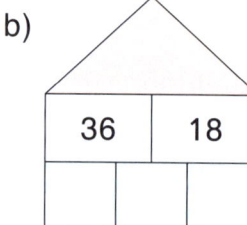

4 Rechne die Mal-Plus-Häuser aus. Was fällt dir auf?

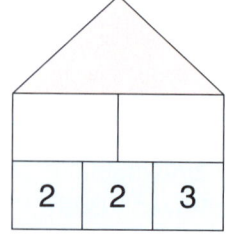 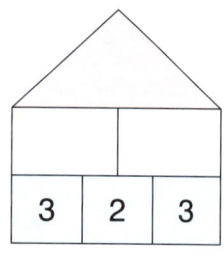 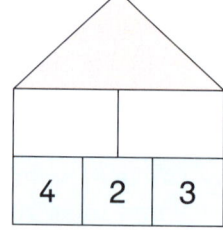 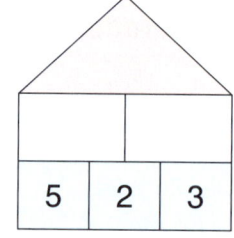 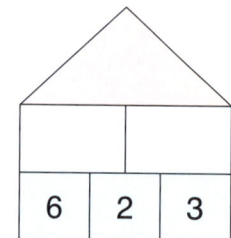

Die linke Randzahl im Erdgeschoss wird immer _____.

Die linke Zahl im ersten Stock wird immer _____.

Die Dachzahl wird immer _____.

Fredo 3 Mathematik – Arbeitsheft © 2015 Cornelsen Schulverlage GmbH, Berlin

5 Erhöhe die Zahl im **rechten Randstein** immer **um 2**. Was fällt dir auf?

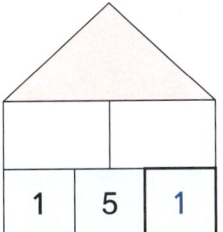 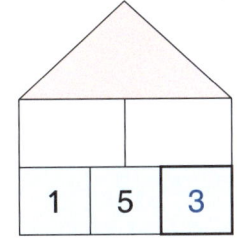 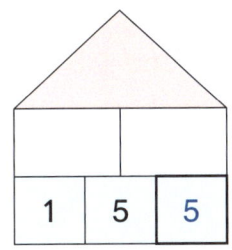 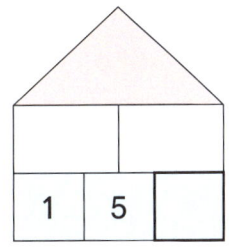 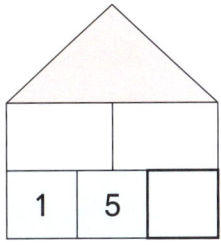

| 1 | 5 | 1 | | 1 | 5 | 3 | | 1 | 5 | 5 | | 1 | 5 | | | 1 | 5 | |

_____

_____

_____

6 a) Rechne. Welches Häuserpaar passt zu der Beschreibung?

A

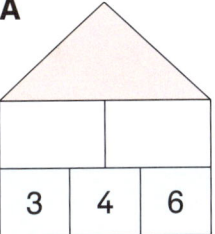 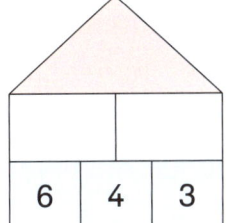

B

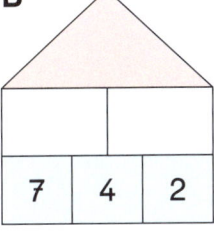 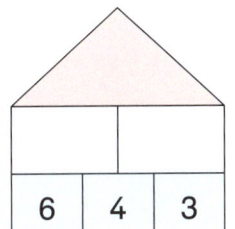

Die Dachzahl ist in beiden Häusern gleich. Die Mittelzahl ist immer eine 4. Die Randzahlen sind vertauscht. Die Zahlen im ersten Stock sind vertauscht.

Häuserpaar ____

b) Beschreibe das andere Häuserpaar in deinem Heft.

7 Begründe:
Warum kommt in diesen beiden Häusern dieselbe Dachzahl heraus?

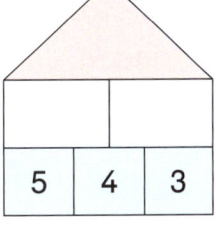 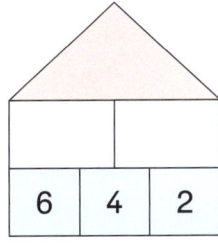

_____

_____

_____

 Erfinde und beschreibe ein eigenes Häuserpaar.

1 Fredo fährt am Wochenende zum Angeln an einen See.
Am Freitag angelt er 16 Fische und 3 Plastikeimer.
Am Samstag angelt er 18 Fische und 4 Schuhe.
Am Sonntag angelt er nur 2 Fische.
Wie viele Fische hat er insgesamt geangelt?

Antwort: _____

2 Fips zieht sich im Winter jeden Morgen Schal, Mütze und Pfotenschuhe an.
Für das Anziehen der Mütze braucht er 4 Minuten.
Für das Zubinden des Schals braucht er 12 Minuten.
Um alle Pfotenschuhe anzuziehen, benötigt er insgesamt 16 Minuten.

a) Wie lange braucht Fips, um sich anzuziehen?
b) Wie lange braucht er, um einen Pfotenschuh anzuziehen?

Antwort: a) _____

           b) _____

3 Frida trainiert für das große Flugabzeichen. Dafür fliegt sie
jeden Tag mehrere Runden um das Schloss. Am ersten Tag
schafft sie 10 Runden. Jeden weiteren Tag schafft sie doppelt
so viele Runden wie am Vortag.
Wie viele Runden ist sie nach 5 Tagen insgesamt geflogen?

Antwort: _____

Fredo 3 Mathematik – Arbeitsheft © 2015 Cornelsen Schulverlage GmbH, Berlin

Kannst du das? 1

1 Zeitspannen berechnen

Bundesland	Weihnachtsferien	Anzahl der Tage
Baden-Württemberg	23.12.2016 – 07.01.2017	
Bayern	24.12.2016 – 05.01.2017	
Sachsen-Anhalt	19.12.2016 – 02.01.2017	

2 Aufgaben am Rechenstrich lösen

a) $57 + 26 =$ ____

b) $71 - 34 =$ ____

3 Vorteilhaft rechnen

a) $44 + 39 =$ ____ $58 + 28 =$ ____

$44 +$ ⬤ $- 1$ $58 + 30 -$ ⬤

b) $76 - 29 =$ ____ $63 - 48 =$ ____

$76 - 30 +$ ⬤ $63 -$ ⬤ $+ 2$

4 Informationen entnehmen und übertragen

Lieblingsfarben der Klasse 3a		
Farbe	Jungen	Mädchen
Gelb		
Rot	3	4
Blau	5	
Grün		2
Rosa	0	5

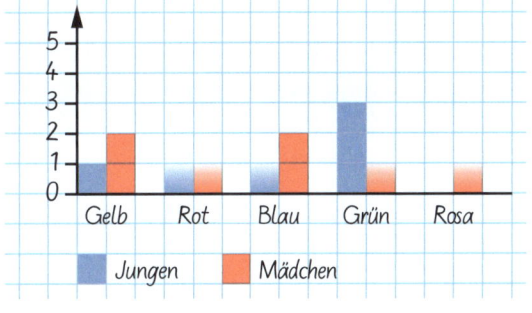

Anzahl der Jungen: ____

Anzahl der Mädchen: ____

5 Einmaleinsaufgaben lösen

·	4	6	7	8
3				
5				
8				

6 Geteiltaufgaben lösen

$56 : 7 =$ ____ $40 : 8 =$ ____

$42 : 6 =$ ____ $35 : 7 =$ ____

$27 : 3 =$ ____ $72 : 9 =$ ____

$32 : 4 =$ ____ $48 : 6 =$ ____

$54 : 9 =$ ____ $24 : 4 =$ ____

1 Verbinde passend.

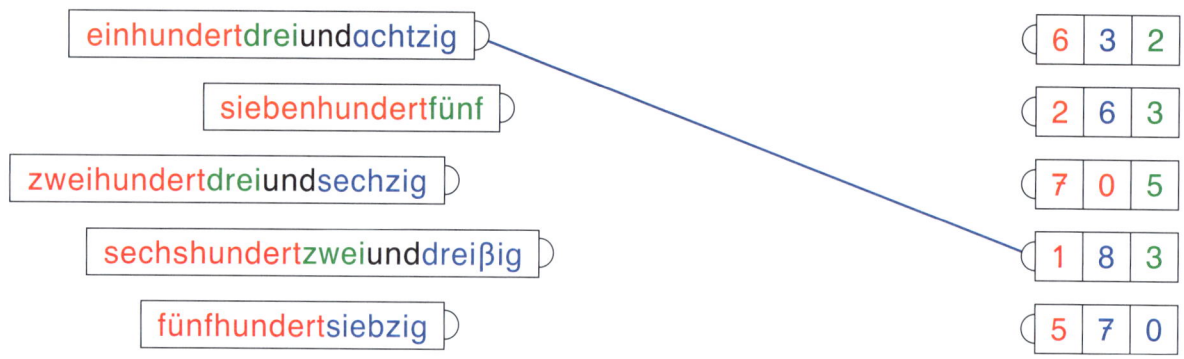

einhundertdreiundachtzig	6 3 2
siebenhundertfünf	2 6 3
zweihundertdreiundsechzig	7 0 5
sechshundertzweiunddreißig	1 8 3
fünfhundertsiebzig	5 7 0

2 Immer drei Karten gehören zusammen. Male in der gleichen Farbe an.

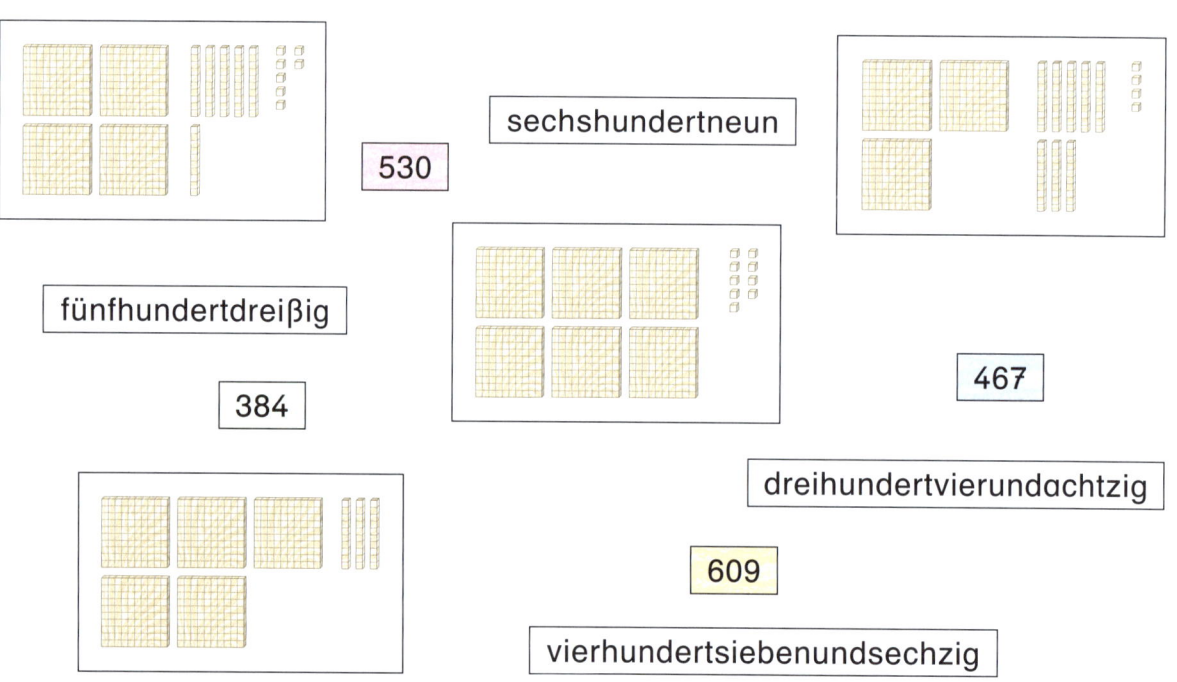

530

sechshundertneun

fünfhundertdreißig

384

467

dreihundertvierundachtzig

609

vierhundertsiebenundsechzig

3 Notiere die Zahlen.

zweihundertsiebenundneunzig   297

siebenhundertzweiundachtzig   ☐

vierhundertneunzehn   ☐

hundertfünf   ☐

fünfhundertdreiundsechzig   ☐

achthundertsechzig   ☐

dreihundertdreiundzwanzig   ☐

sechshundertneun   ☐

neunhundertvierundvierzig   ☐

vierhundertdreiundfünfzig   ☐

16

Fredo 3 Mathematik – Arbeitsheft © 2015 Cornelsen Schulverlage GmbH, Berlin

1 Welche Zahlen sind das?

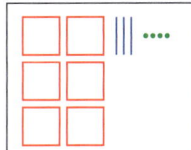 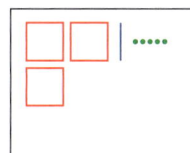 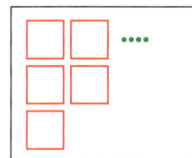 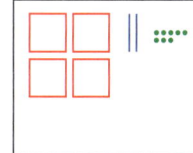 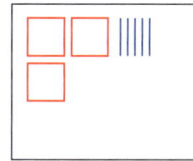

_____   _____   _____   _____   _____

2 Stelle die Zahlen dar.

 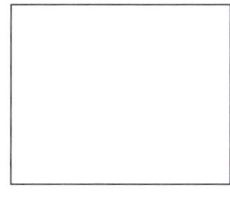 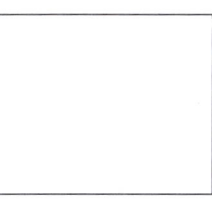  

287   609   345   820   521

3 Trage die Zahlen in die Stellenwerttafel ein.

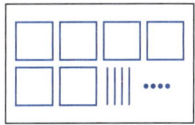 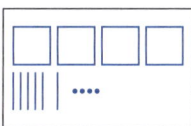 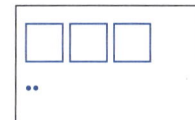 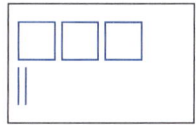 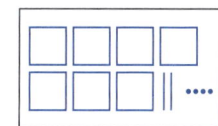

T	H	Z	E

T	H	Z	E

T	H	Z	E

T	H	Z	E

T	H	Z	E

4 Notiere wie im Beispiel.

a)   6H   2Z   9E

b)   9H   3Z

c)   7E   5H   5Z

d)   8E   4H

a) 6 H + 2 Z + 9 E = 6 0 0 + 2 0 + 9 =

b)

c)

d)

5 Welche Zahlen können es sein?

Die Zahl ist ungerade und hat doppelt so viele Hunderter wie Einer. Die Zahl hat 4 Zehner.   _____ _____

Fredo 3 Mathematik – Arbeitsheft © 2015 Cornelsen Schulverlage GmbH, Berlin

17

1 Zerlege die Zahlen.

a)
4	2	8	=	4 H	+	2 Z	+	8 E

4 2 8 = 4 0 0 + +

b)
2 8 4 =

2 8 4 =

c)
7 3 0 =

7 3 0 =

d)
7 0 3 =

7 0 3 =

2 Wie heißt die Zahl?

a) 800 + 10 + 9 = _____
800 + 90 = _____
800 + 1 + 10 = _____

b) 300 + 50 + 6 = _____
300 + 6 = _____
300 + 60 + 5 = _____

c) 30 + 200 + 3 = _____
7 + 300 = _____
20 + 3 + 700 = _____

3 Rechne.

a) 370 + 30 + 400 = _____
260 + 40 + 200 = _____
620 + 80 + 250 = _____

b) 680 + 20 + 125 = _____
790 + 10 + 99 = _____
550 + 50 + 333 = _____

4 Immer 1000

a) 300 + _____
600 + _____
900 + _____

b) 250 + _____
750 + _____
650 + _____

c) 820 + _____
560 + _____
490 + _____

d) 962 + _____
987 + _____
904 + _____

5 Entdeckerpäckchen: Setze fort.

a) 110 + _____ = 1000
220 + _____ = 1000
330 + _____ = 1000
_____ + _____ = 1000

b) 925 + _____ = 1000
825 + _____ = 1000
725 + _____ = 1000
_____ + _____ = 1000

c) 911 + _____ = 1000
922 + _____ = 1000
933 + _____ = 1000
_____ + _____ = 1000

6 Auch das sollen Entdeckerpäckchen werden.

a) 125 + _____ = 1000
_____ + _____ = 1000
175 + _____ = 1000
200 + _____ = 1000

b) 70 + _____ = 1000
_____ + _____ = 1000
_____ + _____ = 1000
280 + _____ = 1000

c) _____ + 909 = 1000
_____ + 808 = 1000
_____ + 707 = 1000
_____ + _____ = 1000

Fredo 3 Mathematik – Arbeitsheft © 2015 Cornelsen Schulverlage GmbH, Berlin

1 Ergänze die Zahlen in den markierten Feldern.

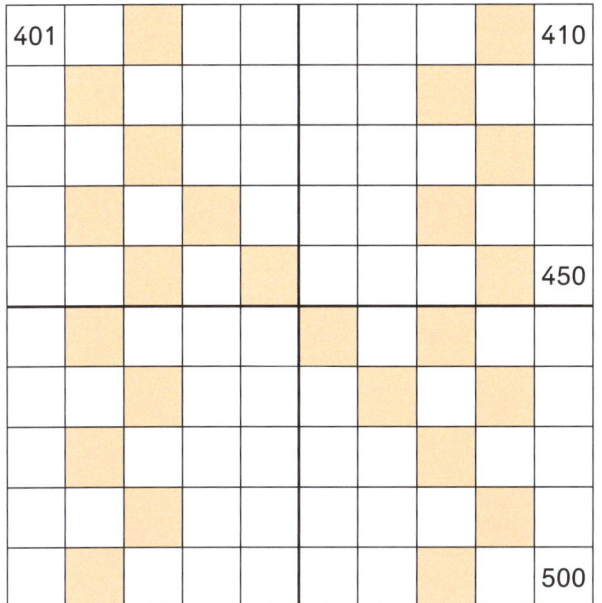 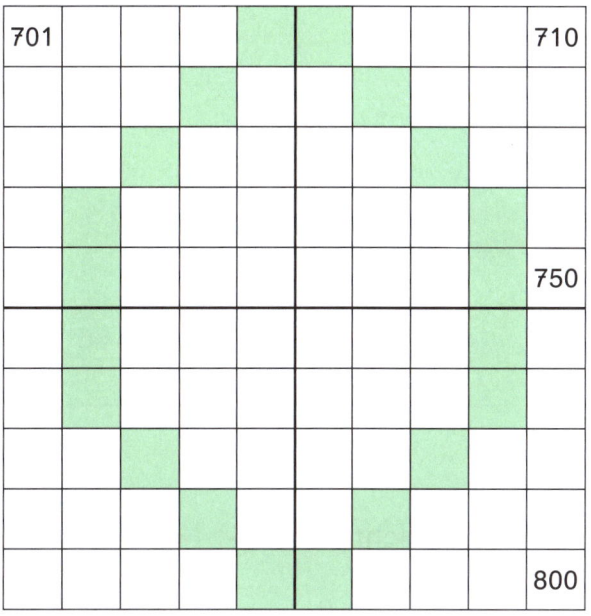

2 Schreibe zu den **beiden** Feldern alle Zahlen auf, …

a) … bei denen an der Zehnerstelle eine 6 steht.

———, ———, ———, ———, ———, ———, ———, ———, ———, ———

———, ———, ———, ———, ———, ———, ———, ———, ———

b) … bei denen an der Einerstelle eine 3 steht.

———, ———, ———, ———, ———, ———, ———, ———

———, ———, ———, ———, ———, ———, ———, ———

c) … die an der Einerstelle und an der Zehnerstelle gleiche Ziffern haben.

———, ———, ———, ———, ———, ———, ———, ———

———, ———, ———, ———, ———, ———, ———, ———

d) … bei denen die Zehner doppelt so groß sind wie die Einer.

———, ———, ———, ———

———, ———, ———, ———

e) … die an der Einerstelle und an der Hunderterstelle gleiche Ziffern haben.

———, ———, ———, ———, ———, ———, ———, ———, ———

———, ———, ———, ———, ———, ———, ———, ———, ———

 Vergleiche mit deinem Partner.

Fredo 3 Mathematik – Arbeitsheft © 2015 Cornelsen Schulverlage GmbH, Berlin

1 Trage die Zahlen ein.

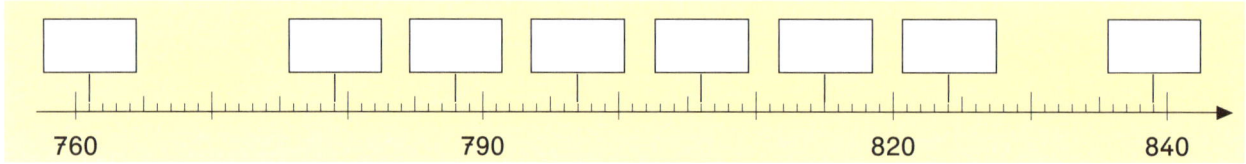

760   790   820   840

2 Verbinde.

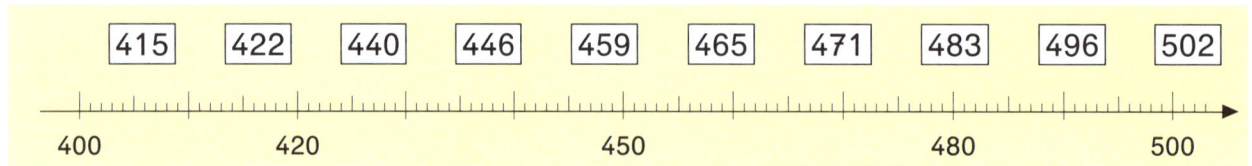

415   422   440   446   459   465   471   483   496   502

400   420   450   480   500

3 Setze richtig ein: $>$, $<$, $=$.

470 ◯ 740   732 ◯ 723   395 ◯ 593   580 ◯ 850

630 ◯ 630   369 ◯ 396   501 ◯ 150   464 ◯ 446

4 Wie heißen die Nachbarzehner?

_____ 126 _____   _____ 141 _____   _____ 123 _____   _____ 198 _____

_____ 104 _____   _____ 148 _____   _____ 197 _____   _____ 102 _____

5 Wie heißen die Nachbarzehner?
Kreise die Zehnerzahl ein, die näher an der Zahl liegt.

720   726   (730)   _____ 341 _____   _____ 823 _____   _____ 598 _____

_____ 704 _____   _____ 348 _____   _____ 997 _____   _____ 302 _____

6 Welche Zahl könnte es sein? Trage ein.

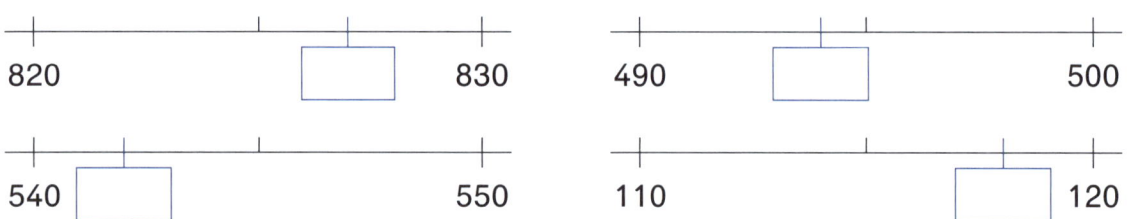

820   830   490   500

540   550   110   120

7 Wie heißt die Zahl in der Mitte? Trage ein.

460   500   320   600

100   740   214   300

Fredo 3 Mathematik – Arbeitsheft © 2015 Cornelsen Schulverlage GmbH, Berlin

1 Lege und rechne.

a)   3 +   4 = _____
  30 +   40 = _____
  300 + 400 = _____

b)   2 +   7 = _____
  20 +   70 = _____
  200 + 700 = _____

c)   8 −   5 = _____
  80 −   50 = _____
  800 − 500 = _____

2 Rechne.

a) 23 + 5 = _____
  423 + 5 = _____
  23 + 50 = _____
  423 + 50 = _____

b) 67 + 8 = _____
  767 + 8 = _____
  67 + 80 = _____
  767 + 80 = _____

c) 73 − 6 = _____
  573 − 6 = _____
  73 − 60 = _____
  573 − 60 = _____

3 Rechne die Aufgabenpaare.

a) 8 + 6 = _____
  80 + 60 = _____

b) 6 +   9 = _____
  60 + ____ = _____

c)   7 +   5 = _____
  ____ + ____ = _____

d) 5 − 2 = _____
  50 − 20 = _____

e) 7 −   6 = _____
  70 − ____ = _____

f)   8 −   3 = _____
  ____ − ____ = _____

4 Bilde mit den Aufgaben zwei Entdeckerpäckchen.

200 + 550   200 + 750   500 + 300
  700 + 300   100 + 300   200 + 350
200 + 150   300 + 300

a) _____ + _____ = _____
  _____ + _____ = _____
  _____ + _____ = _____
  _____ + _____ = _____

b) _____ + _____ = _____
  _____ + _____ = _____
  _____ + _____ = _____
  _____ + _____ = _____

5 Zahlenrätsel

Ich addiere zu meiner Zahl 250 und subtrahiere dann 30. Ich erhalte 720.

Wenn ich von meiner Zahl 200 subtrahiere, dann 130 addiere und das Ergebnis verdopple, erhalte ich 680.

Die Zahl heißt _____.

Die Zahl heißt _____.

Fredo 3 Mathematik – Arbeitsheft © 2015 Cornelsen Schulverlage GmbH, Berlin

1 Über und unter 100: Rechne.

$97 + \underline{} = 102$ $98 + \underline{} = 106$ $101 - \underline{} = 95$ $106 - \underline{} = 98$

$94 + \underline{} = 101$ $92 + \underline{} = 101$ $105 - \underline{} = 99$ $103 - \underline{} = 95$

2 Über und unter den Hunderter: Rechne.

$697 + \underline{} = 706$ $898 + \underline{} = 908$ $603 - \underline{} = 591$ $206 - \underline{} = 190$

$394 + \underline{} = 402$ $396 + \underline{} = 401$ $905 - \underline{} = 893$ $703 - \underline{} = 690$

$199 + \underline{} = 207$ $496 + \underline{} = 504$ $401 - \underline{} = 391$ $507 - \underline{} = 490$

3 Markiere: Was verändert sich von Aufgabe zu Aufgabe?

$70 + 40 = 110$ $50 + \underline{} = 110$ $140 - \underline{} = 70$ $180 - \underline{} = 90$

$73 + 40 = 113$ $50 + \underline{} = 115$ $120 - \underline{} = 70$ $185 - \underline{} = 95$

$73 + 42 = 115$ $50 + \underline{} = 135$ $125 - \underline{} = 70$ $185 - \underline{} = 92$

$73 + \underline{} = 121$ $50 + \underline{} = 141$ $125 - \underline{} = 68$ $185 - \underline{} = 89$

4 Rechne.

+	70	73	78
60			
64			
67			

−	60	61	65
120			
125			
130			

−	90	92	94
180			
185			
182			

Schreibe eine eigene Rechentabelle. Dein Partner soll sie lösen.

5 Verdopple und halbiere.

53	55	62	72	68	87	79						
106							124	128	188	112	132	150

6 Zerlege in zwei aufeinanderfolgende Zahlen.

$143 = 71 + \underline{72}$ $153 = 76 + \underline{}$ $129 = \underline{} + \underline{}$ $115 = \underline{} + \underline{}$

$169 = \underline{} + \underline{}$ $185 = \underline{} + \underline{}$ $107 = \underline{} + \underline{}$ $131 = \underline{} + \underline{}$

Fredo 3 Mathematik – Arbeitsheft © 2015 Cornelsen Schulverlage GmbH, Berlin

1   Wie viel Euro sind es?

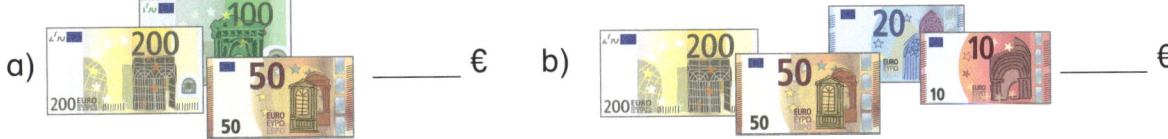

a) _____ €   b) _____ €

2   Wie viel Euro sind es?

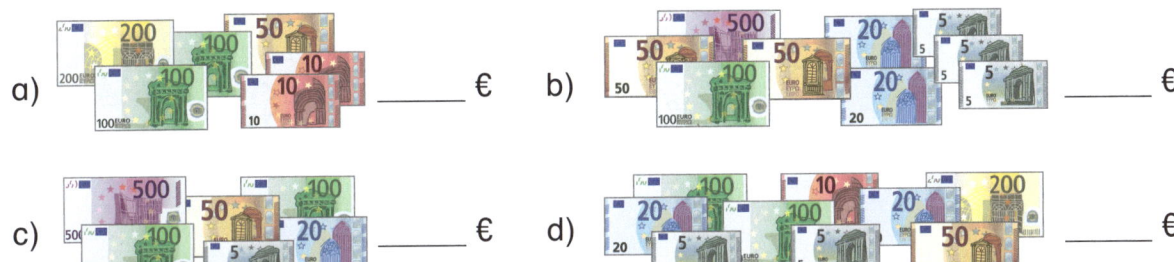

a) _____ €   b) _____ €

c) _____ €   d) _____ €

3   Immer 500 Euro: Lege und zeichne nur mit Scheinen.

500	1 Schein
	_____ Scheine
	_____ Scheine
	_____ Scheine
	_____ Scheine

4   Lege und zeichne mit möglichst wenigen Scheinen und Münzen.

212 €   312 €   352 €   792 €

5   Immer 700 Euro

4 Scheine, 3 davon sind gleich	4 Scheine, 2 davon sind gleich	5 Scheine, 4 davon sind gleich	6 Scheine, 5 davon sind gleich

   Lege 999 Euro mit Scheinen und Münzen. Finde verschiedene Möglichkeiten.

1 Trage die Preise in die Tabelle ein.

€		ct	
1	2	0	0	_12,00_ €
				_____ €
				_____ €
				_____ €
				_____ €
				_____ €
				_____ €

2 Schreibe in Euro und Cent.

a) 15,97 € = ___ € ___ ct   b) 900 ct = ___ € ___ ct

63,03 € = ___ € ___ ct   870 ct = ___ € ___ ct

0,75 € = ___ € ___ ct   555 ct = ___ € ___ ct

10,10 € = ___ € ___ ct   104 ct = ___ € ___ ct

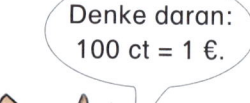

Denke daran:
100 ct = 1 €.

Tipp

3 Lege die Beträge mit deinem Rechengeld. Verdopple.

1 Stück kostet	5 €	5,20 €	5,40 €	10 €	10,15 €	10,50 €	10,55 €
2 Stück kosten							

4 Ergänze die Tabelle.

1 Stück kostet	9,50 €
2 Stück kosten	
3 Stück kosten	
4 Stück kosten	
5 Stück kosten	
8 Stück kosten	
10 Stück kosten	

5 Ergänze die Tabelle.

1 Stück kostet	
2 Stück kosten	
3 Stück kosten	
4 Stück kosten	13,00 €
5 Stück kosten	
8 Stück kosten	
10 Stück kosten	

6 Ordne die Preise der Größe nach. Beginne mit dem niedrigsten Preis.

3,03 €   33 €   30 € 3 ct   30,30 €   330 ct   33 ct

_____, _____, _____, _____, _____, _____

Fredo 3 Mathematik – Arbeitsheft © 2015 Cornelsen Schulverlage GmbH, Berlin

Kinderflohmarkt

1 Jana hat nach einer Stunde 4 Spiele für je 3 Euro
und 2 Bücher für je 4,50 Euro verkauft.
Wie viel Euro hat sie insgesamt eingenommen?

4 Spiele:

2 Bücher:

zusammen:

Antwort: Sie hat insgesamt _____ eingenommen.

2 Quirin hat 3 Bücher für je 4 Euro, 5 CDs für je 3 Euro
und 2 Autos für je 3,50 Euro verkauft.
Wie viel Euro hat er insgesamt eingenommen?

3 Bücher:

5 CDs:

2 Autos:

zusammen:

Antwort: Er hat insgesamt _____ eingenommen.

> Man kann mit
> einem Flohmarkt auch
> Geld für einen guten
> Zweck sammeln.

3 Ali hat nach einiger Zeit 2 Konsolenspiele für je 8 Euro,
3 CDs für je 2 Euro, 2 Kartenspiele für je 1,50 Euro und
einige Autos für je 2 Euro verkauft. In seiner Kasse sind
33 Euro. Wie viele Autos hat Ali verkauft?

Antwort: _____

Fredo 3 Mathematik – Arbeitsheft © 2015 Cornelsen Schulverlage GmbH, Berlin

Kannst du das? 2

1 Zahlwörter lesen und schreiben

siebenhundertneunundfünfzig _____   vierhundertacht _____

zweihundertsechsunddreißig _____   dreihunderteinundsiebzig _____

2 Zahlen unterschiedlich darstellen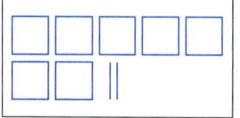

a)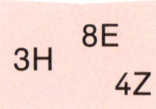

T	H	Z	E

T	H	Z	E

b)

T	H	Z	E
	9	0	6

T	H	Z	E
	3	8	7

c)

6H 5Z 2E   3H 8E 4Z

_____   _____

d)

9E 7H   1H 2Z

_____   _____

3 Bis 1000 ergänzen

220 + _____ = 1000   240 + _____ = 1000   260 + _____ = 1000

670 + _____ = 1000   680 + _____ = 1000   690 + _____ = 1000

4 Zahlen am Zahlenstrahl ablesen und zuordnen

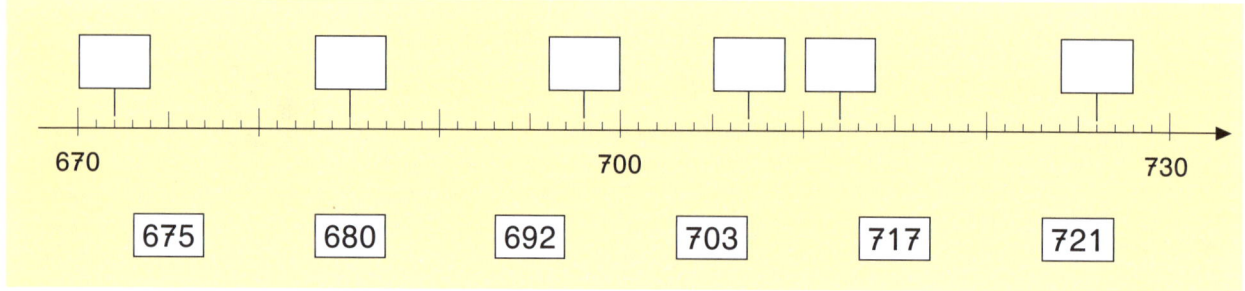

5 Nachbarzehner bestimmen

_____ 456 _____   _____ 681 _____   _____ 570 _____

_____ 253 _____   _____ 799 _____   _____ 800 _____

_____ 389 _____   _____ 309 _____   _____ 710 _____

Fredo 3 Mathematik – Arbeitsheft © 2015 Cornelsen Schulverlage GmbH, Berlin

6 Über und unter den Hunderter rechnen

a) 596 + 7 = _____   498 + 9 = _____   690 + 16 = _____

   305 − 8 = _____   807 − 9 = _____   403 − 6 = _____

b) 399 + ___ = 408   694 + ___ = 703   897 + ___ = 905

   502 − ___ = 496   806 − ___ = 797   404 − ___ = 398

7 In Tabellen rechnen

+	50	53	57
70			
74			

−	80	85	89
140			
143			

−	90	92	98
360			
361			

8 Geldbeträge mit möglichst wenigen Scheinen und Münzen darstellen

214 €   356 €   409 €   676 €

9 In Euro und Cent schreiben

4,70 € = _____

3,25 € = _____

5,55 € = _____

2,08 € = _____

10 Mit Komma schreiben

1 € 17 ct = _____

7 € 20 ct = _____

40 ct = _____

5 € 4 ct = _____

11 Sachaufgaben in Schritten lösen

Noemi kauft auf dem Flohmarkt 4 CDs für je 2,50 Euro und 3 Spiele für je 3,50 Euro. Sie hat 25 Euro dabei. Wie viel Euro bleiben übrig?

Antwort: _____

Fredo 3 Mathematik – Arbeitsheft © 2015 Cornelsen Schulverlage GmbH, Berlin

1 Zeichne das passende Spiegelbild.

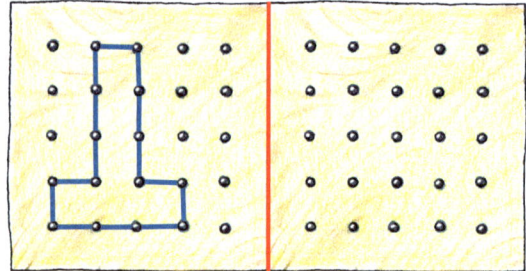 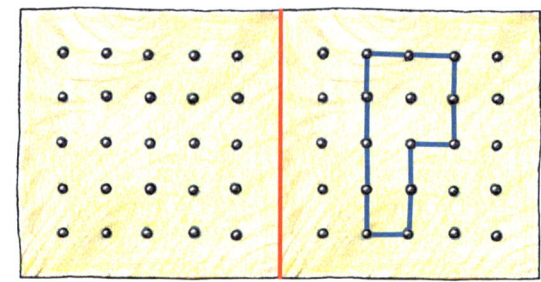

 2 Zeichne das passende Spiegelbild.

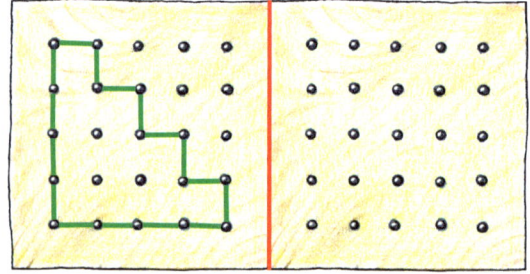 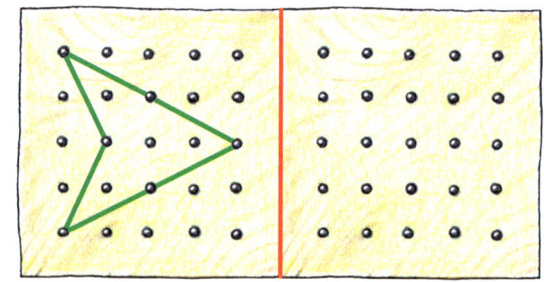

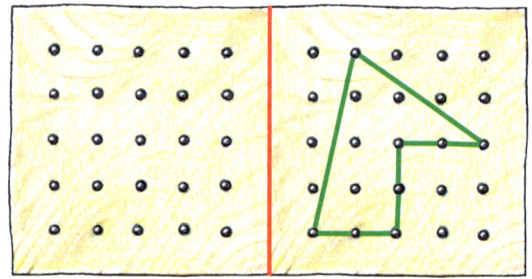 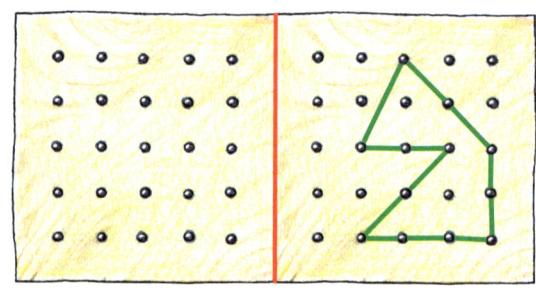

 Überprüft gemeinsam: Spannt Bild und Spiegelbild nach.

Habt ihr richtig gezeichnet? Kontrolliert mit dem Spiegel.

 3 Nun ist die untere oder die obere Brettkante die Spiegelachse.

Zeichne jeweils das Spiegelbild.

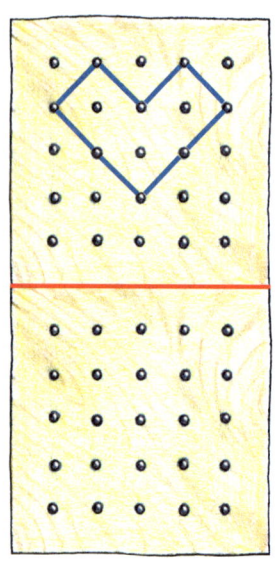 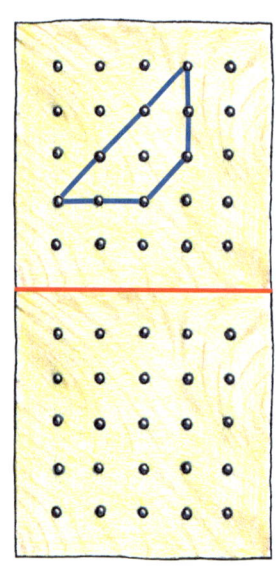 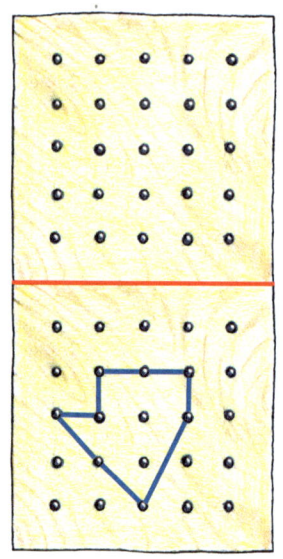 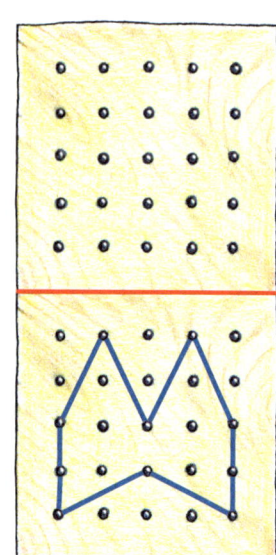

Fredo 3 Mathematik – Arbeitsheft © 2015 Cornelsen Schulverlage GmbH, Berlin

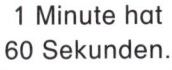
1 Immer 1 Minute: Ergänze.

1 Minute hat 60 Sekunden.

a) 40 s + _____ s b) 30 s + _____ s c) 20 s + _____ s

   41 s + _____ s   32 s + _____ s   23 s + _____ s

   42 s + _____ s   34 s + _____ s   26 s + _____ s

2 Immer 1 Minute

a) Wie viele Sekunden fehlen?   b) Wie viele Sekunden sind zu viel?

   38 s + _____ s   47 s + _____ s   80 s − _____ s   100 s − _____ s

   11 s + _____ s   26 s + _____ s   85 s − _____ s   110 s − _____ s

   55 s + _____ s   4 s + _____ s   90 s − _____ s   150 s − _____ s

3 Ein Pferd hat einen Ruhepuls von 40 Schlägen in der Minute.
Der Ruhepuls eines erwachsenen Menschen ist doppelt so hoch.
Wie hoch ist der Ruhepuls eines Menschen?

Antwort: _____

4 Anton misst seinen Puls. Er schlägt 80-mal in einer Minute. Anschließend
rennt er eine Runde um den Sportplatz. Danach zählt er 52 Schläge mehr
in der Minute als vorher. Wie oft schlägt der Puls nach dem Lauf?

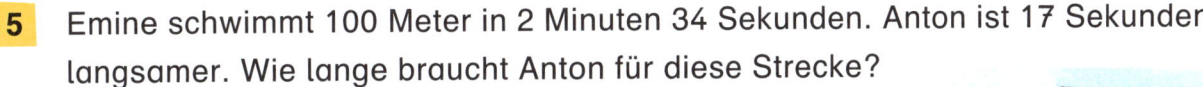

Antwort: _____

5 Emine schwimmt 100 Meter in 2 Minuten 34 Sekunden. Anton ist 17 Sekunden
langsamer. Wie lange braucht Anton für diese Strecke?

Antwort: _____

6 Für das Sportabzeichen müssen Jungen im 3. Schuljahr 100 Meter in
3 Minuten schwimmen. Jan schlägt 25 Sekunden vor dieser Zeit an.
Wie lange hat Jan für die 100 Meter gebraucht?

Antwort: _____

Fredo 3 Mathematik – Arbeitsheft © 2015 Cornelsen Schulverlage GmbH, Berlin

1 Welcher Kreisel ist gemeint?

A  B C D

Es ist sicher, dass der Kreisel auf eine blaue Seite fällt. _____

Es ist unmöglich, dass der Kreisel auf eine blaue Seite fällt. _____

Die Chance, dass der Kreisel auf eine rote Seite fällt, ist
genauso groß wie die Chance, dass er auf eine blaue Seite fällt. _____

Die Chance ist groß, dass der Kreisel auf eine rote Seite fällt. _____

2 Wie sind die Kreisel gefärbt? Überlegt zu zweit.
Färbe jeden Kreisel so ein,
dass die Aussage stimmt.

> Manchmal gibt es mehrere Möglichkeiten.

a)  Es ist sicher, dass der Kreisel auf eine rote Seite fällt.

b) 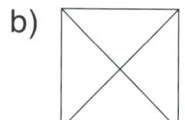 Es ist möglich, dass der Kreisel auf eine rote oder eine blaue Seite fällt.

c) 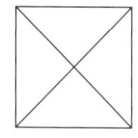 Es ist unmöglich, dass der Kreisel auf eine rote Seite fällt.

d) 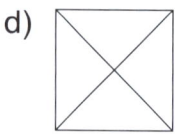 Die Chance ist groß, dass der Kreisel auf eine blaue Seite fällt.

3 Färbe das Glücksrad so ein, dass
die folgenden Aussagen stimmen.

▶ Die Gewinnchance für Rot
   ist am größten.
▶ Die Gewinnchancen für Grün
   und Blau sind gleich groß.
▶ Gelb hat keine Chance
   zu gewinnen.
▶ Die Gewinnchance für Braun
   ist klein.

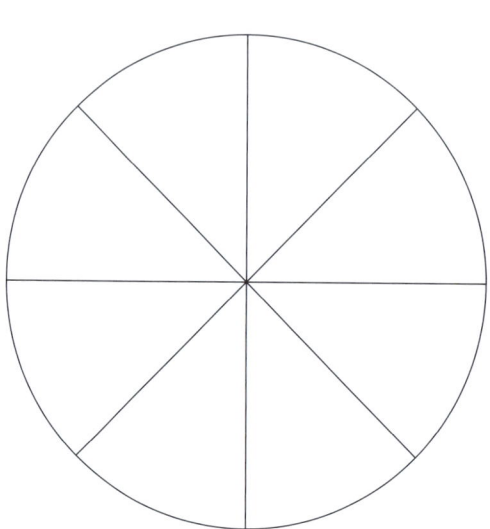

Fredo 3 Mathematik – Arbeitsheft © 2015 Cornelsen Schulverlage GmbH, Berlin

1 Löse die Aufgaben am Rechenstrich.

546 + 423 = _____

364 + 525 = _____

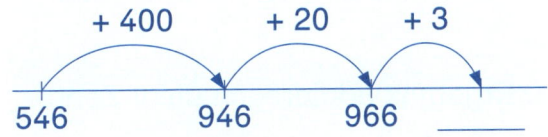

246 + 428 = _____

295 + 427 = _____

674, 722, 889, 969

2 Rechne auf deinem Weg.

373 + 217 = _____

563 + 326 = _____

563 + 317 = _____

247 + 637 = _____

349 + 427 = _____

448 + 128 = _____

 Vergleiche mit deinem Partner. Habt ihr die gleichen Rechenwege benutzt?

1 Antons Rechenweg: Setze die passenden Zahlen ein.

456 + 237

Ich rechne in drei Schritten:

1. Zuerst rechne ich die 200 zu der 456 dazu. Ich erhalte _____.

2. Zu diesem Ergebnis addiere ich die 3 Zehner, also 30. Ich erhalte _____.

3. Zum Schluss addiere ich noch die _____ Einer. Als Endergebnis erhalte ich _____.

2 Rechne vorteilhaft mit dem grünen Koffer am Rechenstrich.

563 + 298 = _____   463 + 299 = _____

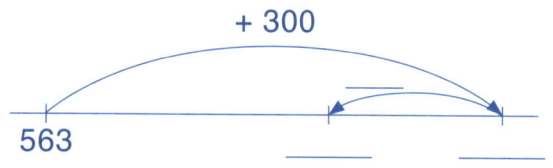

563

364 + 498 = _____   246 + 697 = _____

3 Finde eine weitere Aufgabe, die du vorteilhaft mit dem grünen Koffer lösen kannst. Begründe.

_____

_____

4 Welche Fehler hat Tim gemacht? Verbinde und korrigiere.

334 + 540 = ~~974~~ _____

637 + 205 = 837 _____

675 + 214 = 885 _____

427 + 435 = 852 _____

356 + 218 = 564 _____

243 + 253 = 596 _____

Tim hat vergessen, die Einer zu addieren.

Tim hat sich bei den Hundertern verrechnet.

Tim hat bei den Zehnern nicht an die Stellenüberschreitung gedacht.

Fredo 3 Mathematik – Arbeitsheft © 2015 Cornelsen Schulverlage GmbH, Berlin

1 Rechne. Markiere die Veränderungen.

300 + 300 = 600

350 + 300 = 650

356 + 300 = _____

356 + 320 = _____

356 + 323 = _____

356 + 324 = _____

356 + 354 = _____

2 Von leicht nach schwer: Ordne und rechne. Markiere die Veränderungen.

648 + 235

648 + 230

640 + 200

648 + 200

648 + 231

648 + 265

~~600 + 200~~

_600_ + _200_ = _____

_____ + _____ = _____

_____ + _____ = _____

_____ + _____ = _____

_____ + _____ = _____

_____ + _____ = _____

_____ + _____ = _____

3 Entdeckerpäckchen: Setze fort.

a) 467 + 200 = _____

465 + 203 = _____

463 + 206 = _____

_____ + _____ = _____

b) 515 + 175 = _____

520 + 180 = _____

525 + 185 = _____

_____ + _____ = _____

c) 702 + 205 = _____

705 + 207 = _____

708 + 209 = _____

_____ + _____ = _____

d) 151 + 439 = _____

141 + 429 = _____

131 + 419 = _____

_____ + _____ = _____

e) Wähle ein Entdeckerpäckchen aus und beschreibe es. Findet dein Partner das richtige Entdeckerpäckchen?

4 Rechne.

a) 53 + 16 = _____

453 + 16 = _____

453 + 216 = _____

b) 37 + 61 = _____

837 + 61 = _____

837 + 161 = _____

53 + 16 rechne ich im Kopf.

5 Rechne.

+	90	192	298
180			
380			
382			

+	64	92	99
270			
278			
578			

6 Rechne.

+			399
140	320		
245		527	
			648

1 Löse die Aufgaben am Rechenstrich.

546 – 423 = _____

764 – 525 = _____

$-3 \quad -20 \quad -400$

_____   126   146   546

846 – 428 = _____

664 – 327 = _____

123, 239, 337, 418

2 Rechne auf deinem Weg.

373 – 217 = _____

563 – 326 = _____

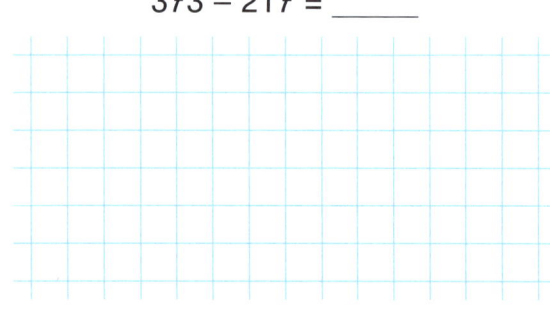
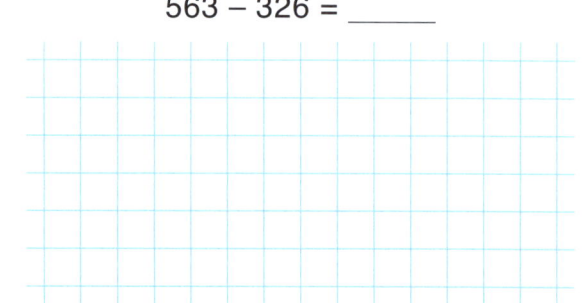

554 – 236 = _____

645 – 533 = _____

742 – 427 = _____

747 – 422 = _____

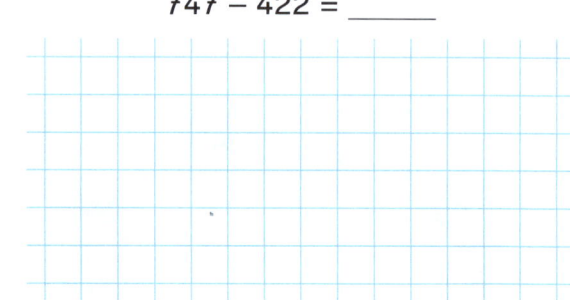

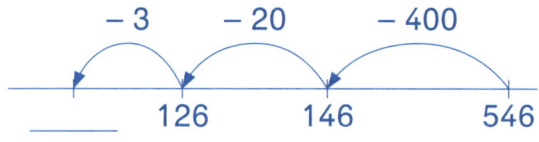 Vergleiche mit deinem Partner. Habt ihr die gleichen Rechenwege benutzt?

Fredo 3 Mathematik – Arbeitsheft © 2015 Cornelsen Schulverlage GmbH, Berlin

1 a) 542 − 300 = _____   b) 299 + _____ = 300   c) 234 + 2 = _____

678 − 400 = _____   497 + _____ = 500   278 + 1 = _____

454 − 200 = _____   198 + _____ = 200   132 + 3 = _____

2 Rechne vorteilhaft mit dem grünen Koffer am Rechenstrich.

563 − 298 = _____   563 − 299 = _____

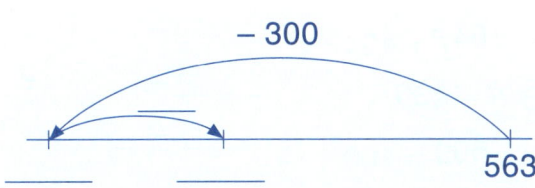

864 − 498 = _____   646 − 397 = _____

3 Fülle die Lücken richtig aus. | 725 − 398 = _____ |

Ich rechne die Aufgabe mit dem _____ Koffer.

Die 398 liegt _____ bei der 400. Sie ist nur um 2 _____ als _____ .

Deshalb rechne ich zuerst 725 − 400 = 325. Das kann ich im _____

rechnen. Ich habe aber  Einer zu _____ abgezogen.

Diese 2 Einer muss ich jetzt wieder _____ .

2   400   grünen   viel   nah   kleiner   Kopf   addieren

4 Ergänze.

582 + _____ = 603   385 + _____ = 402

778 + _____ = 804   276 + _____ = 304

694 + _____ = 715   885 + _____ = 912

483 + _____ = 512   778 + _____ = 822

5 Schau genau und ergänze.

702 − 685 = 712 − _____

925 − 887 = _____ − 885

537 − _____ = 547 − 498

_____ − 376 = 412 − 379

Fredo 3 Mathematik – Arbeitsheft © 2015 Cornelsen Schulverlage GmbH, Berlin

1 Rechne. Markiere die Veränderungen.

$900 - 300 = 600$

$950 - 300 = 650$

$956 - 300 = \underline{\hspace{1cm}}$

$956 - 320 = \underline{\hspace{1cm}}$

$956 - 324 = \underline{\hspace{1cm}}$

$956 - 328 = \underline{\hspace{1cm}}$

$956 - 358 = \underline{\hspace{1cm}}$

2 Von leicht nach schwer: Ordne und rechne. Markiere die Veränderungen.

$647 - 469$ $\underline{\hspace{1cm}} - \underline{\hspace{1cm}} = \underline{\hspace{1cm}}$

$647 - 430$ $\underline{\hspace{1cm}} - \underline{\hspace{1cm}} = \underline{\hspace{1cm}}$

$640 - 400$ $\underline{\hspace{1cm}} - \underline{\hspace{1cm}} = \underline{\hspace{1cm}}$

$647 - 400$ $\underline{\hspace{1cm}} - \underline{\hspace{1cm}} = \underline{\hspace{1cm}}$

$647 - 434$ $\underline{\hspace{1cm}} - \underline{\hspace{1cm}} = \underline{\hspace{1cm}}$

$647 - 439$ $\underline{\hspace{1cm}} - \underline{\hspace{1cm}} = \underline{\hspace{1cm}}$

$600 - 400$ $\underline{\hspace{1cm}} - \underline{\hspace{1cm}} = \underline{\hspace{1cm}}$

3 Entdeckerpäckchen: Setze fort.

a) $538 - 217 = \underline{\hspace{1cm}}$

      $536 - 214 = \underline{\hspace{1cm}}$

      $534 - 211 = \underline{\hspace{1cm}}$

      $\underline{\hspace{1cm}} - \underline{\hspace{1cm}} = \underline{\hspace{1cm}}$

b) $495 - 155 = \underline{\hspace{1cm}}$

      $490 - 160 = \underline{\hspace{1cm}}$

      $485 - 165 = \underline{\hspace{1cm}}$

      $\underline{\hspace{1cm}} - \underline{\hspace{1cm}} = \underline{\hspace{1cm}}$

c) $804 - 500 = \underline{\hspace{1cm}}$

      $808 - 504 = \underline{\hspace{1cm}}$

      $812 - 508 = \underline{\hspace{1cm}}$

      $\underline{\hspace{1cm}} - \underline{\hspace{1cm}} = \underline{\hspace{1cm}}$

d) $360 - 227 = \underline{\hspace{1cm}}$

      $370 - 237 = \underline{\hspace{1cm}}$

      $380 - 247 = \underline{\hspace{1cm}}$

      $\underline{\hspace{1cm}} - \underline{\hspace{1cm}} = \underline{\hspace{1cm}}$

📓 Denke dir selbst ein Entdeckerpäckchen aus.

4 Rechne.

a) $89 - 65 = \underline{\hspace{1cm}}$

      $489 - 65 = \underline{\hspace{1cm}}$

      $489 - 365 = \underline{\hspace{1cm}}$

b) $57 - 23 = \underline{\hspace{1cm}}$

      $857 - 23 = \underline{\hspace{1cm}}$

      $857 - 423 = \underline{\hspace{1cm}}$

89 − 65 rechne ich im Kopf.

5 Rechne.

−	90	92	98
280			
380			
382			

−	160	190	198
570			
574			
874			

6 Rechne.

−			399
540	320		
745		422	
			548

Fredo 3 Mathematik – Arbeitsheft © 2015 Cornelsen Schulverlage GmbH, Berlin

1 Fülle die leeren Felder im Pascalschen Dreieck weiter aus. Wie weit kommst du?

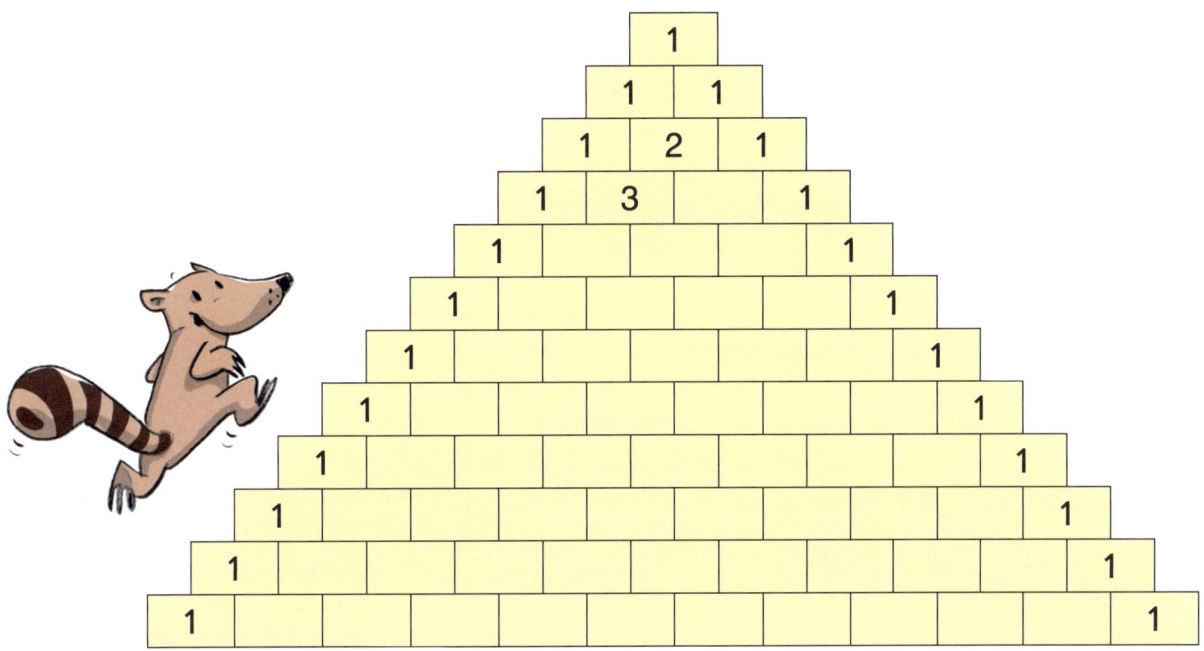

2 Ausschnitte aus dem Pascalschen Dreieck. Ergänze die fehlenden Zahlen.

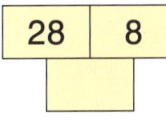

28	8

36	84

	35
70	

35	
	56

45	
165	

56	
	84

	120
330	

	56
126	

3 Ausschnitte aus dem Pascalschen Dreieck. Ergänze die fehlenden Zahlen.

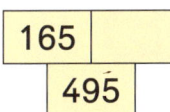 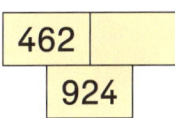 

126	
210	

462	
792	

495	
715	

286	
364	

165	
495	

462	
924	

1 Spiegelbilder zeichnen

 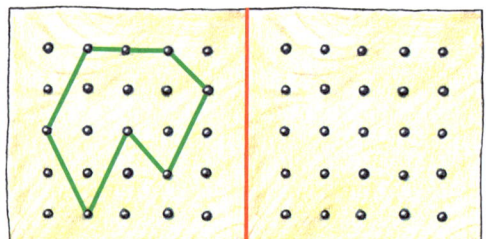 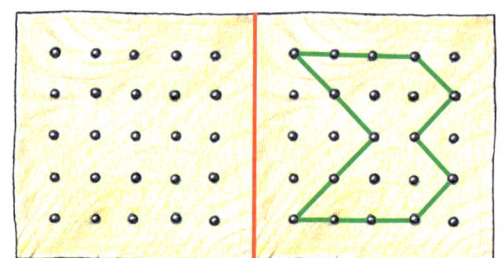

2 Sekunden auf 1 Minute ergänzen

a) 45 s + _____ s = 1 min   b) 36 s + _____ s = 1 min

c) 17 s + _____ s = 1 min   d) 29 s + _____ s = 1 min

e) 8 s + _____ s = 1 min   f) 56 s + _____ s = 1 min

g) 20 s + _____ s = 1 min   h) 12 s + _____ s = 1 min

3 Sachaufgaben mit Größen lösen

Lars läuft 1000 Meter in 5 Minuten 55 Sekunden.
Ben ist 19 Sekunden langsamer.
Wie lange braucht Ben für die 1000 Meter?

Antwort: _____

4 Glücksräder zuordnen

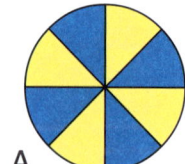   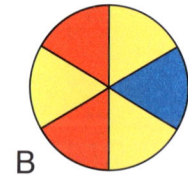   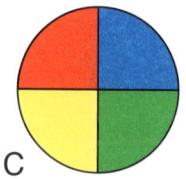   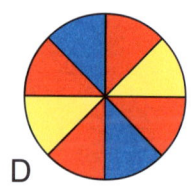   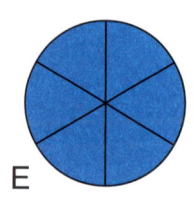

A   B   C   D   E

Ordne den Aussagen die passenden Glücksräder zu.

a) Es ist unmöglich, dass Rot gewinnt.   _____

b) Es ist möglich, dass Grün gewinnt.   _____

c) Die Gewinnchancen für Blau und Gelb sind gleich groß.   _____

d) Die Gewinnchancen für Rot sind größer als für Blau.   _____

Fredo 3 Mathematik – Arbeitsheft © 2015 Cornelsen Schulverlage GmbH, Berlin

5 Aufgaben auf eigenem Weg lösen

a)   467 + 236 = _____

b)   653 − 336 = _____

374 + 598 = _____

803 − 795 = _____

264 + 248 = _____

847 − 499 = _____

Fredo 3 Mathematik – Arbeitsheft © 2015 Cornelsen Schulverlage GmbH, Berlin

6 In Tabellen rechnen

+	70	172	178
260			
560			
564			
764			

−	140	180	187
870			
876			
976			
986			

7 Ergänzen

789 + _____ = 802

693 + _____ = 716

475 + _____ = 504

586 + _____ = 609

378 + _____ = 401

895 + _____ = 910

283 + _____ = 303

1 Male Seiten, die sich im Würfel gegenüberliegen, in der gleichen Farbe an.

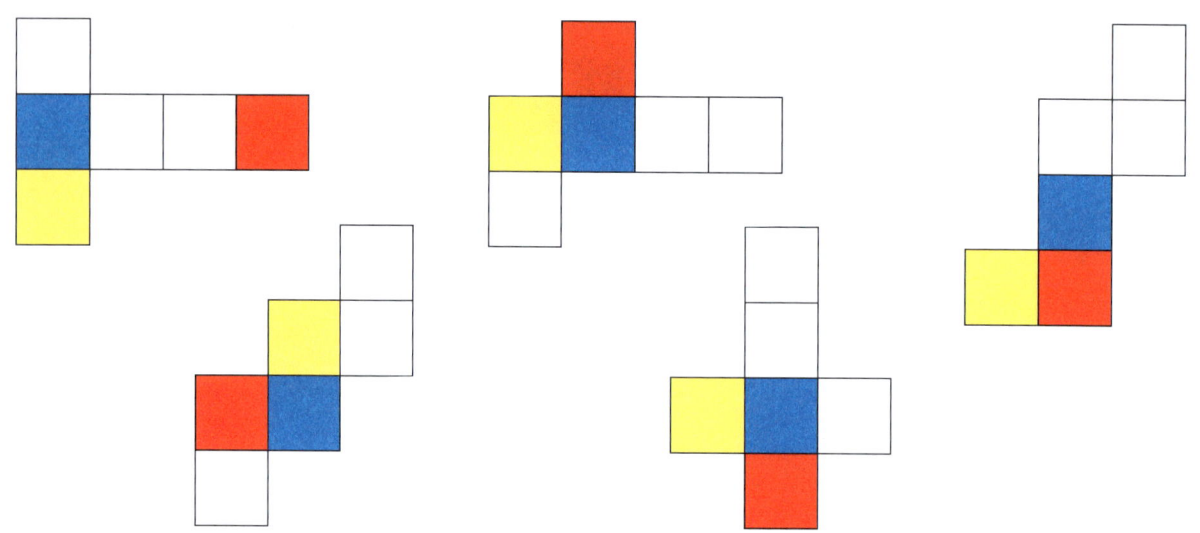

2 Male Seiten, die sich im Würfel gegenüberliegen, in der gleichen Farbe an.

3 Welches Würfelnetz passt zu welchem Würfel? Verbinde. Ein Netz bleibt übrig.

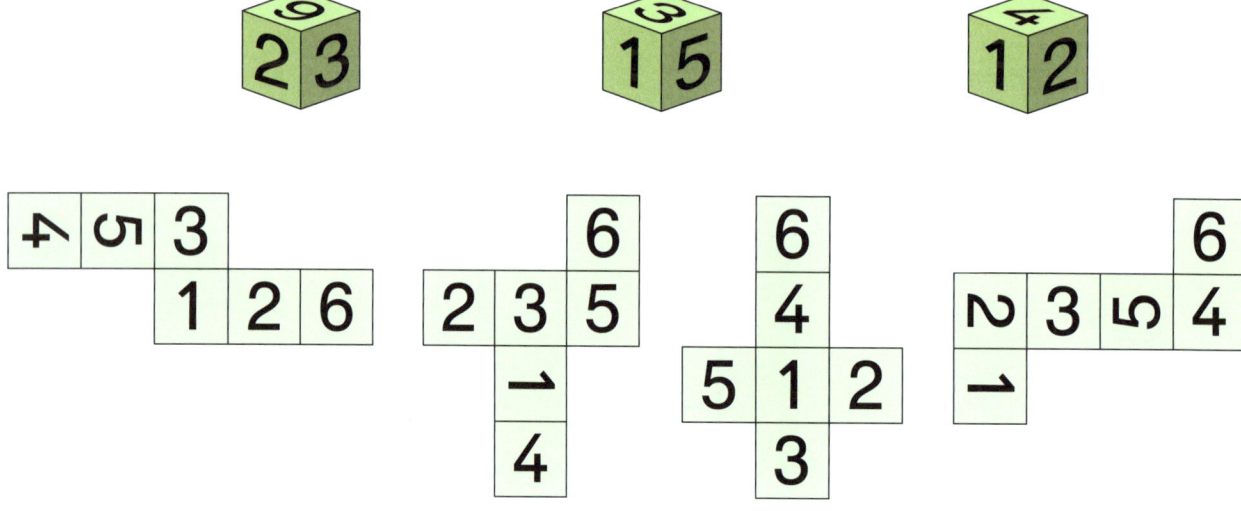

Fredo 3 Mathematik – Arbeitsheft © 2015 Cornelsen Schulverlage GmbH, Berlin

1   Verschiedene Schreibweisen: Ergänze.

4 m 23 cm	1 m 98 cm	5 m 5 cm				
423 cm	198 cm		568 cm	707 cm		
4,23 m					6,70 m	0,09 m

5,25 m	3,17 m	1,05 m				
525 cm					999 cm	7 cm
5 m 25 cm			7 m 20 cm	4 m		

2   Ordne den Kindern die Körpergrößen zu. Verbinde.

1 m 46 cm	1,55 m	125 cm	138 cm	1 m	1,38 m

3   Ordne die Längen. Beginne mit der kürzesten Länge.

a)   3 m 70 cm   307 cm   3,77 m   3 m 17 cm   3,87 m   37 m

_____ , _____ , _____ , _____ , _____ , _____

b)   822 cm   8 m 20 cm   88 cm   8,80 m   8 m 8 cm   8,02 m

_____ , _____ , _____ , _____ , _____ , _____

4   Ordne die Längen. Beginne mit der größten Länge.

a)   5 m 130 cm   6,33 m   603 cm   6 m 207 cm   5 m 222 cm   7,72 m

_____ , _____ , _____ , _____ , _____ , _____

b)   11 m   10 m 1000 cm   10,07 m   200 cm   1070 cm   10 m 700 cm

_____ , _____ , _____ , _____ , _____ , _____

1 Verbinde und trage ein.

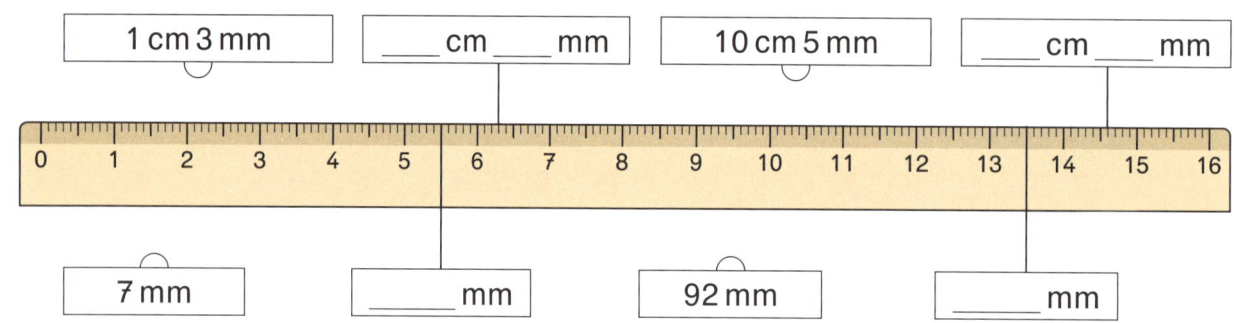

| 1 cm 3 mm | ____ cm ____ mm | 10 cm 5 mm | ____ cm ____ mm |

| 7 mm | ____ mm | 92 mm | ____ mm |

2 Schreibe in mm.

4 cm 6 mm = _____

3 cm 1 mm = _____

10 cm = _____

75 cm = _____

3 Schreibe in cm und mm.

57 mm = _____

29 mm = _____

130 mm = _____

204 mm = _____

4 So groß können die Tiere werden.
Zeichne die angegebenen Längen auf.

a) Mondfliege: 14 mm ⊢————

b) Weinbergschnecke: 6 cm 8 mm ⊢————

c) Feldgrille: 2 cm 5 mm ⊢————

d) Grünes Heupferd: 40 mm ⊢————

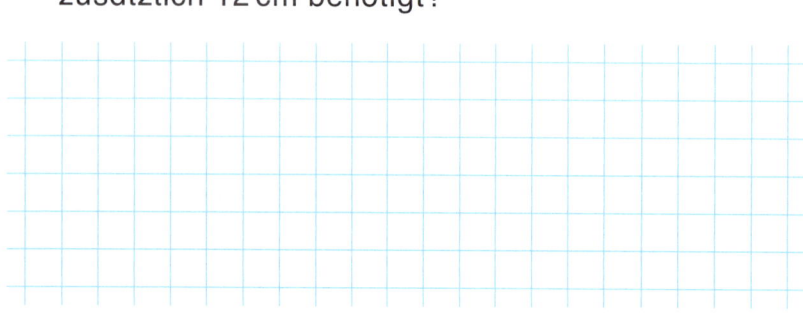

5 Tobi möchte für Mama ein Nagelbild mit einer Vase und Blume basteln.

a) Wie viele cm und mm Faden braucht er für die Vase,
wie viele cm und mm für die Blume?

b) Reichen ihm 40 cm Faden, wenn er für die Knoten
zusätzlich 12 cm benötigt?

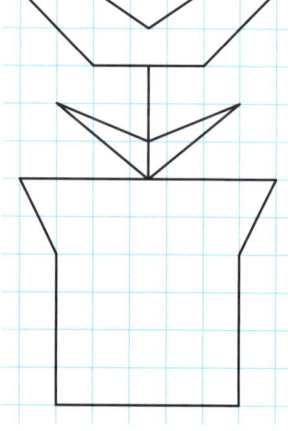

Antwort: _____

_____

Fredo 3 Mathematik – Arbeitsheft © 2015 Cornelsen Schulvertage GmbH, Berlin

Meter, Zentimeter und Millimeter

1 Ordne richtig zu.

Höhe eines Zimmers	1 m
Länge des Tafellineals	1 mm
Dicke eines Stecknadelkopfs	2,40 m
Fingerbreite	70 cm
Höhe eines Tisches	1 cm

2 Richtig oder falsch? Kreuze an.

	richtig	falsch
a) Eine Maus ist ungefähr 50 cm groß.	☐	☐
b) Eine Tür ist ungefähr 2 m hoch.	☐	☐
c) Ein Bett ist ungefähr 200 cm lang.	☐	☐
d) Eine Ameise ist ungefähr 80 cm lang.	☐	☐
e) Ein neuer Bleistift ist ungefähr 150 mm lang.	☐	☐
f) Eine Tür ist ungefähr 1000 mm breit.	☐	☐

3 Kann das stimmen? Begründe in deinem Heft.

Wenn du alle Tintenpatronen aneinanderlegst, die du in einem Schuljahr verbrauchst, dann ist die Reihe mehr als 3 Meter lang.

4 Setze das richtige Zeichen ein: $<$, $>$, $=$.

8 cm 4 mm ◯ 84 mm   2,70 m ◯ 27 cm   580 mm ◯ 5,80 m

9 cm 9 mm ◯ 90 mm   45 cm ◯ 0,45 m   100 mm ◯ 11 cm

5 Beim Weitsprung schafft Ali 2,85 m. Jana springt 3,13 m.
Wie viele Zentimeter springt Jana weiter als Ali?

Antwort: _____

6 Laura springt 1,15 m hoch. Tim springt 13 cm höher. Wie hoch springt Tim?

Antwort: _____

Würfelstadt

1 Welcher Plan gehört zu welchem Gebäude? Verbinde.

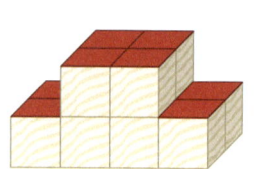 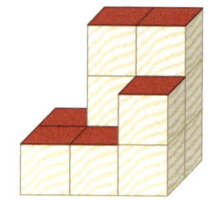 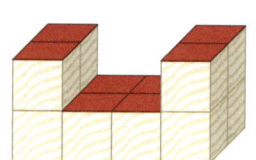 

2	1	1	2
2	1	1	2

1	2	2	1
1	2	2	1

4	4	3
3	3	1

1	3	3
1	1	2

2 Fehler finden: Kreise den Fehler im Bauplan ein.
Schreibe den Bauplan richtig auf.

 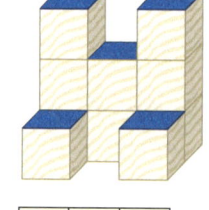 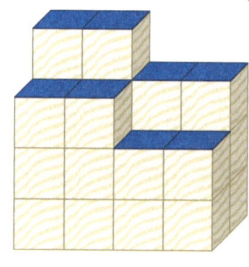 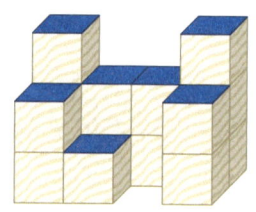

3	2	3
1	2	2

3	2	2
1		1

4	3	3	3
3	3	2	2

3	2	2	3
2	1	1	2

3 Immer 12 Würfel: Schreibe Baupläne.

 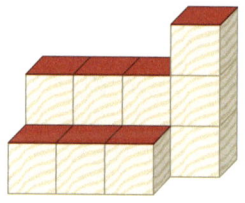 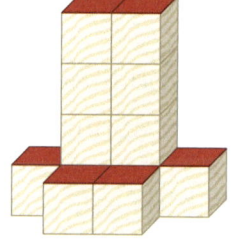 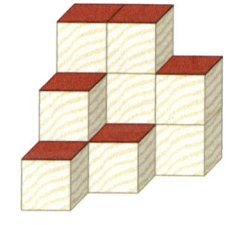

Kippe die Gebäude von Aufgabe 2 in Gedanken nach hinten.
Zeichne die passenden Baupläne.

Fredo 3 Mathematik – Arbeitsheft © 2015 Cornelsen Schulverlage GmbH, Berlin

1 Ergänze auf 1 Stunde.

a) 30 min + ____ min = 1 h
   20 min + ____ min = 1 h
   10 min + ____ min = 1 h
    5 min + ____ min = 1 h

b) 14 min + _____ = 1 h
   42 min + _____ = 1 h
   27 min + _____ = 1 h
   33 min + _____ = 1 h

Denke daran:
1 Stunde hat
60 Minuten.

Tipp

2 Wie viel Zeit ist vergangen?

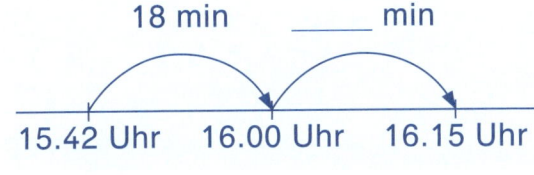

18 min   _____ min

15.42 Uhr   16.00 Uhr   16.15 Uhr

__18 min__ + _____ = _____

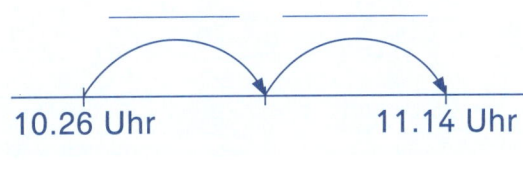

_____   _____

10.26 Uhr   11.14 Uhr

_____ + _____ = _____

2.37 Uhr   3.31 Uhr

_____ + _____ = _____

18.48 Uhr   19.23 Uhr

_____ + _____ = _____

21.04 Uhr   22.03 Uhr

_____ + _____ = _____

17.46 Uhr   18.35 Uhr

_____ + _____ = _____

3 Es ist Wochenende. Um wie viel Uhr kommt der Zug?

Es ist halb zehn.
Der Zug kommt in
75 Minuten.

Es ist
drei viertel elf.
Der Zug kommt in
57 Minuten.

Der Zug kommt um _____ Uhr.

Der Zug kommt um _____ Uhr.

1

235	431	324	504	87	763
+ 464	+ 276	+ 572	+ 76	+ 650	+ 128

580, 699, 707, 737, 891, 896

2 Kreuze zuerst die Anzahl der Überträge an, bevor du die Aufgaben rechnest.

0 1 2   0 1 2   0 1 2   0 1 2   0 1 2   0 1 2

345	634	413	724	167	263
+ 182	+ 276	+ 572	+ 86	+ 650	+ 189

452, 527, 810, 817, 910, 985

3 Addiere geschickt.

212	319	367	75	389	567
154	57	482	246	457	98
+ 308	+ 421	+ 143	+ 635	+ 153	+ 202

674, 797, 867, 956, 992, 999

4 Finde die Fehler. Verbinde. Rechne richtig.

471	508	126
+ 395	+ 264	+ 49
1		1
856	762	616

Übertrag vergessen   falsch untereinandergeschrieben   Rechenfehler

5 Wähle immer zwei Zahlen und addiere sie. Es sollen zwei Überträge entstehen.

125

476

323

518

287

Wie viele Aufgaben findest du?

Fredo 3 Mathematik – Arbeitsheft © 2015 Cornelsen Schulverlage GmbH, Berlin

1 Im Kopf oder schriftlich? Ordne zu und rechne.

a) 360 + 200   b) 137 + 284   c) 420 + 70   d) 541 + 329

im Kopf: schriftlich:

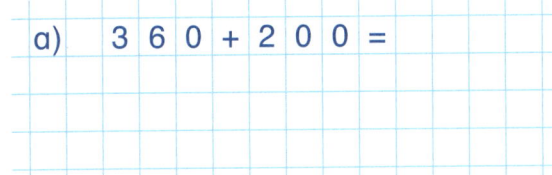   

2 Löse nur die Aufgaben, die du im Kopf rechnen kannst. Wie viele schaffst du?

a)   57 + 43 = _____   b) 763 + 137 = _____   c) 299 + 198 = _____

d) 340 + 520 = _____   e) 584 + 209 = _____   f) 470 + 380 = _____

g) 123 + 49 = _____   h) 625 + 180 = _____   i) 210 + 756 = _____

3 Wie geht es weiter? Ergänze die Aufgaben und rechne.

```
  3 7 0      3 7 5      3 8 0
+ 6 3 0    +          +          +          +
_____  _____  _____  _____  _____
                                                  9 7 5
```

Vergleiche mit deinem Partner und erkläre deine Lösung.

4 Welche Ziffern fehlen?

```
  4 5 1      4   3          3        3            5   4
+ 3   2    + 2 5      + 3   2    + 4 1 8      +   2 2
_____    _____    _____    _____    _____
      8        7 9        5 9 4          5 9      8 3 6
```

5 Welche Ziffern fehlen? Achte auf die Überträge.

```
  7 8        5 5 9      4 2 9      1 4 7
+ 1   2    +     1    +     5    + 3          + 4 8 5
_____    _____    _____    _____    _____
    3 9        7   7      8 0          8 6      8 6 8
```

6 Welche Ziffern fehlen? Finde verschiedene Möglichkeiten.

```
  7 5        7 5        7 5        7 5        7 5
+          +          +          +          +
_____    _____    _____    _____    _____
    9          9          9          9          9
```

Kannst du das? 4

1 Bei Würfelnetzen die gegenüberliegende Seiten erkennen und in der gleichen Farbe anmalen

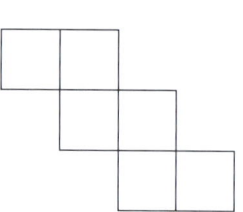 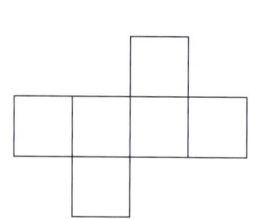 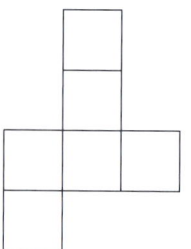 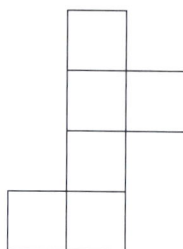

2 Längen auf drei verschiedene Weisen notieren

7 m 55 cm			2 m 3 cm		
	491 cm			506 cm	
		8,60 m			0,02 m

3 Strecken genau messen und zeichnen

a) _____ |———————————————————————————|

b) _____ |———————————|

c) 107 mm |——|

d) 6 cm 2 mm |——|

4 Längen vergleichen

Setze das richtige Zeichen ein: <, >, =.

7 cm 6 mm ◯ 67 mm   270 mm ◯ 0,27 m   4,80 m ◯ 48 cm

1 cm 5 mm ◯ 150 mm   200 mm ◯ 20 m   2,60 m ◯ 260 cm

5 Sachaufgaben mit Größen lösen

Anton und Anni wollen noch einen Drachen bauen. Dafür benötigen sie eine Holzleiste mit 80 cm und eine mit 45 cm Länge. Sie kaufen eine 1,50 m lange Leiste. Wie viele cm bleiben übrig?

Antwort: _____

Fredo 3 Mathematik – Arbeitsheft © 2015 Cornelsen Schulverlage GmbH, Berlin

6 Baupläne schreiben

a) 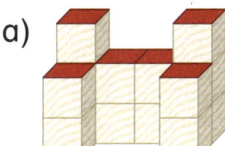 b)  c)

7 Zeitspannen berechnen

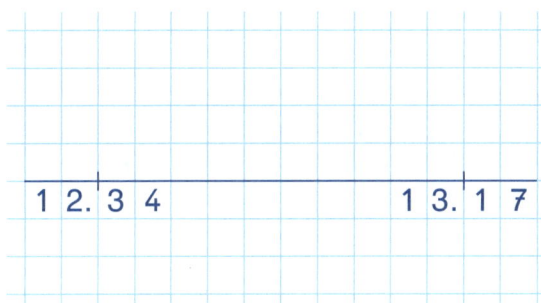 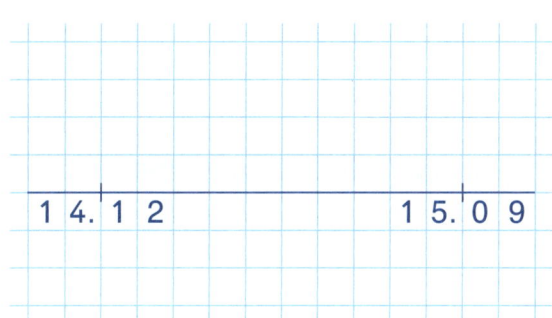

8 Schriftlich addieren

a) 374 + 454   b) 86 + 773   c) 648 + 55   d) 128 + 34 + 522

9 Fehlende Ziffern finden

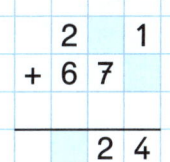

Fredo 3 Mathematik – Arbeitsheft © 2015 Cornelsen Schulverlage GmbH, Berlin

1 Zeichne alle rechten Winkel ein.

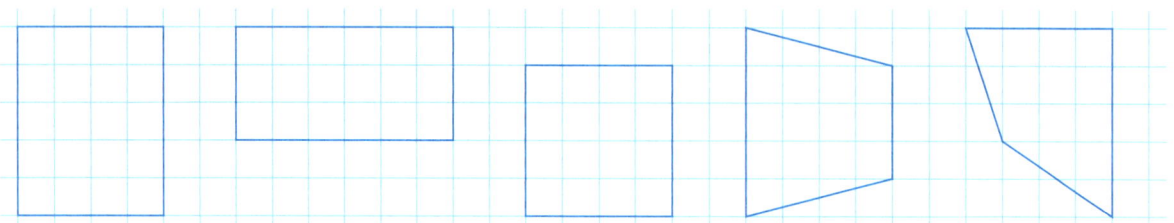

2 a) Von jedem Viereck ist schon eine Seite gezeichnet. Vervollständige.

Rechteck   Quadrat   Rechteck

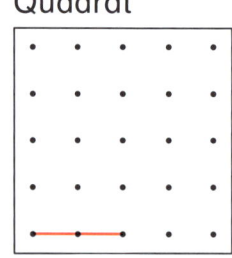

 b) Vergleiche mit deinem Partner. Findet ihr verschiedene Lösungen?

c) Welche Vierecke haben rechte Winkel? Zeichne ein.

3 Welches Viereck ist gesucht?

> Alle Winkel sind rechte Winkel. Immer zwei
> gegenüberliegende Seiten sind gleich lang.
>
> _____

4 Beschreibe die Seitenflächen eines Würfels möglichst genau in deinem Heft.

5 Richtig oder falsch? Kreuze an.

		richtig	falsch
a)	Es gibt Vierecke mit vier rechten Winkeln.	☐	☐
b)	Alle Vierecke haben mindestens einen rechten Winkel.	☐	☐
c)	Es gibt Vierecke mit vier unterschiedlich langen Seiten.	☐	☐

6 Welches Viereck ist gesucht?

> Das Viereck hat keine rechten Winkel. Du kannst es mit zwei
> Schnitten in ein Rechteck und zwei gleiche Dreiecke teilen.
>
> _____

Schreibe eigene Rätsel zu Flächenformen wie bei Aufgabe 3 oder 6.

Meter und Kilometer

SB S. 86, 87

1 Ergänze auf 1 Kilometer.

a) 200 m + _____ = 1 km   b) 600 m + _____ = 1 km   c) 400 m + _____ = 1 km

250 m + _____ = 1 km   670 m + _____ = 1 km   380 m + _____ = 1 km

2 Wie viele Meter fehlen bis zu 1 Kilometer? Ergänze.

1 km	777 m	364 m	458 m	99 m	981 m	868 m	111 m

3 Tobi fährt gerne Rad. Wie weit fuhr er an den einzelnen Tagen? Berechne.

a) Montag: 430 m, 270 m, 3 km 50 m

b) Mittwoch: 345 m, 2 km 70 m, 255 m

Denke daran:
1000 m = 1 km

c) Samstag: 2 km 375 m, 1 km 600 m

Tipp

d) Sonntag: 950 m, 1 km 50 m, 660 m, 1 km 135 m

e) An welchem Tag fuhr Tobi am weitesten, an welchem am wenigsten weit?
Markiere. Berechne den Unterschied.

4 Julia geht von zu Hause 550 m zur Schule. Mittags geht sie 400 m zu ihrer
Oma zum Essen. Nach den Hausaufgaben läuft sie 250 m nach Hause.
Wie viele km und m sind das am Tag, in der Woche, im Monat, im Schuljahr?

Antwort: _____

1 Anton macht mit seinen Eltern einen Ausflug in den Stadtpark.

a) Anton sucht auf der Karte den kürzesten Weg vom Eingang zum Springbrunnen. Zeichne ihn ein.

b) Vom Springbrunnen aus wandern sie weiter zum Spielplatz. Sie machen nach 555 m eine Pause.
Welchen Weg sind sie gegangen und wo machten sie Pause?

Antwort: _____

_____

c) Vom Spielplatz gehen sie zurück zum Eingang. Wie weit sind sie insgesamt gewandert?

> Wir nehmen den kürzesten Weg.

Antwort: _____

 2 Findet jeweils einen Rundweg, der …

a) … nicht länger als 3 km ist.

b) … mindestens 3 km lang ist.

Notiert die Stationen und berechnet die Weglängen.

> Bei einem Rundweg kommt man wieder da an, wo man gestartet ist.

1 Subtrahiere.

	2 9 5		5 4 9		4 6 7		6 5 8		8 7 3		7 8 9
−	1 6 3	−	3 1 8	−	2 3 1	−	5 2 3	−	5 6 0	−	2 4 5

132, 135, 231, 236, 313, 544

2 Wo musst du wechseln? Kreise ein, bevor du rechnest.

H Z E	H Z E	H Z E	H Z E	H Z E	H Z E
9 2 7	4 8 6	8 5 0	5 1 9	7 3 8	3 9 4
− 2 4 5	− 1 3 7	− 4 0 9	− 3 6 5	− 2 7 1	− 8 6

154, 308, 349, 441, 467, 682

3 Wie oft musst du wechseln? Kreuze an, bevor du rechnest.

0 ⊠ 2	0 1 2	0 1 2	0 1 2	0 1 2	0 1 2
4 1 5	5 4 3	9 7 3	8 6 0	6 7 5	7 2 6
− 1 4 2	− 3 6 7	− 6 0 2	− 4 1 7	− 2 8 6	− 5 9 8

128, 176, 273, 371, 389, 443

4 Schreibe stellengerecht untereinander und rechne.

a) 731 − 365   b) 537 − 84   c) 481 − 265   d) 512 − 237   e) 242 − 68

174, 216, 275, 366, 453

5 Wähle immer zwei Zahlen und subtrahiere sie.
Es soll zweimal gewechselt werden.

297

385

409

712

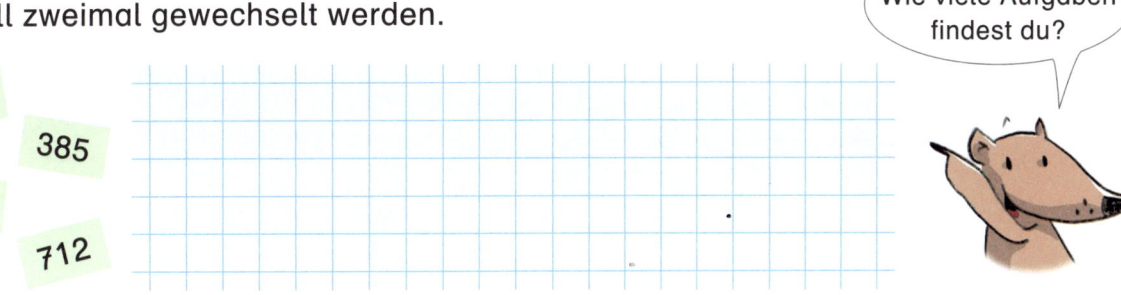

Wie viele Aufgaben findest du?

Fredo 3 Mathematik – Arbeitsheft © 2015 Cornelsen Schulverlage GmbH, Berlin

53

1 Rechne.

4 0 8	3 0 2	7 0 5	5 0 3	6 0 4	8 0 6
− 2 4 9	− 1 3 5	− 4 8 7	− 9 4	− 3 0 6	− 5 9 8

9 0 0	2 0 3	4 0 1	9 0 7	7 0 9	6 0 0
− 6 5 3	− 8 9	− 1 7 2	− 2 6 1	− 3 5 9	− 4 1 9

114, 159, 167, 181, 208, 218, 229, 247, 298, 350, 409, 646

2 Löse zwei Aufgaben im Kopf und zwei Aufgaben schriftlich.

a) $340 - 135 = $ _____

b) $638 - 359 = $ _____

c) $945 - 687 = $ _____

d) $801 - 798 = $ _____

3 Bilde Subtraktionsaufgaben. Das Ergebnis soll immer 279 sein.

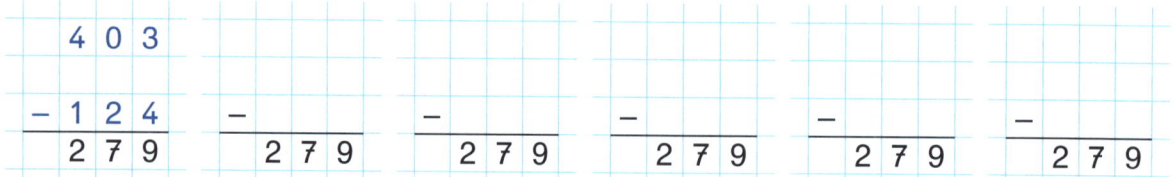

4 0 3					
− 1 2 4	−	−	−	−	−
2 7 9	2 7 9	2 7 9	2 7 9	2 7 9	2 7 9

4 Wie geht es weiter? Ergänze.

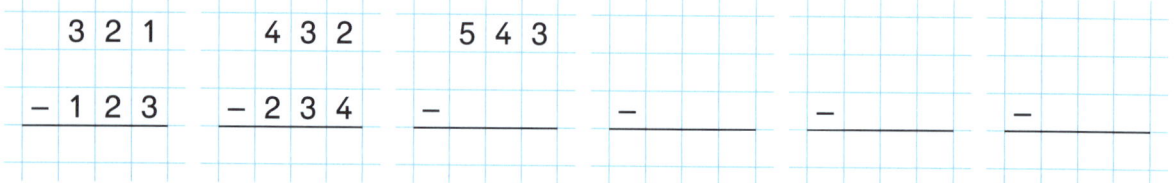

3 2 1	4 3 2	5 4 3			
− 1 2 3	− 2 3 4	−	−	−	−

5 Wie geht es weiter? Ergänze.

Betrachte aufeinanderfolgende Ergebnisse. Was fällt dir auf?

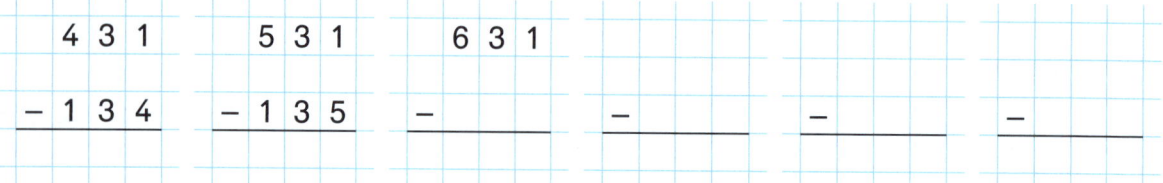

4 3 1	5 3 1	6 3 1			
− 1 3 4	− 1 3 5	−	−	−	−

Fredo 3 Mathematik – Arbeitsheft © 2015 Cornelsen Schulverlage GmbH, Berlin

1 Schreibe stellengerecht untereinander und rechne.

a) 531 − 415   b) 673 − 358   c) 548 − 62   d) 750 − 488   e) 806 − 265

116, 262, 315, 486, 541

2 Finde die Fehler. Verbinde. Rechne richtig.

	8	4	0
−		6	8
	1	6	0

	5	3	7
−	1	6	4
	3	8	3

	7	4	2
−	2	6	9
	5	7	3

Fehler beim Wechseln   falsch untereinander geschrieben   Rechenfehler

3 Wähle immer zwei Zahlen und subtrahiere sie.

a) Die Differenz soll größer als 300 sein.
b) Die Differenz soll ungerade sein.

545   237   452   613

 Vergleiche mit deinem Partner. Habt ihr alle Möglichkeiten gefunden?

4 Bilde mit den Ziffernkarten zwei dreistellige Zahlen und subtrahiere sie. Finde die größtmögliche Differenz.

| 0 | 1 | 2 | 3 | 4 |
| 5 | 6 | 7 | 8 | 9 |

Lege mit den Ziffernkarten Minusaufgaben.
Das Ergebnis soll zwischen 200 und 400 liegen.
Wie viele Aufgaben findest du?

| 0 | 1 | 2 | 3 | 4 |
| 5 | 6 | 7 | 8 | 9 |

1

Weitsprungwettbewerb	
Gesamtweite pro Team	Punkte
8,00 m bis 8,99 m	10
9,00 m bis 9,99 m	20
ab 10,00 m	30

Team A

Name	Weite
Anni	2,85 m
Emilio	3,25 m
Lena	

Team B

Name	Weite
Anton	3,18 m
Noemi	3,23 m
Tobi	

Team C

Name	Weite
Ali	2,80 m
Jana	2,98 m
Olga	

a) Lena springt 2 m 94 cm weit.
   Wie viele Punkte hat Team A?

b) Team B ist insgesamt 9,45 m
   weit gesprungen.
   Wie weit sprang Tobi?

c) Wie viele cm hätte Tobi weiter
   springen müssen, damit sein
   Team 30 Punkte erhalten hätte?

d) Wie weit müsste Olga
   mindestens springen, damit
   Team C 20 Punkte bekommt?

2 Wie viel kostet es insgesamt? Überschlage im Kopf. Ordne zu.

a)
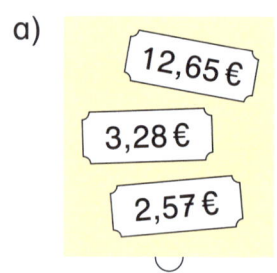
12,65 €
3,28 €
2,57 €

b)
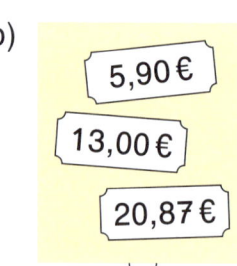
5,90 €
13,00 €
20,87 €

c)
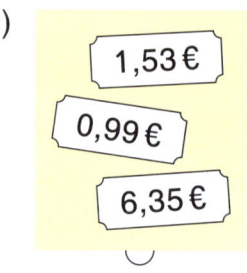
1,53 €
0,99 €
6,35 €

d)
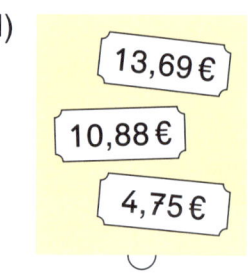
13,69 €
10,88 €
4,75 €

Ü: 10 €   Ü: 20 €   Ü: 30 €   Ü: 40 €

Rechne genau.

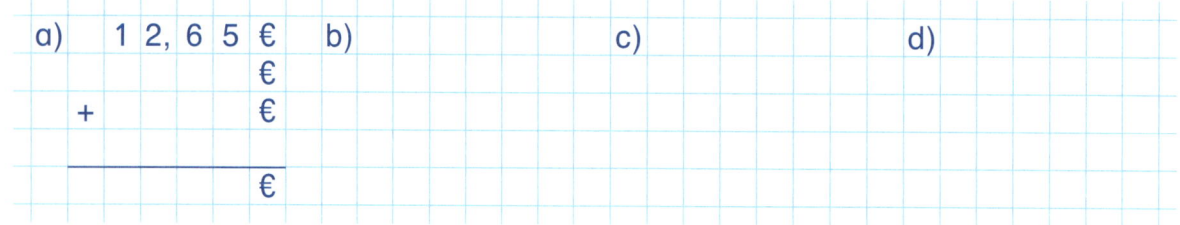

a)   1 2, 6 5 €
              €
   +   €
   _____
              €

b)   c)   d)

Fredo 3 Mathematik – Arbeitsheft © 2015 Cornelsen Schulverlage GmbH, Berlin

1 Zeichne alle Symmetrieachsen ein.

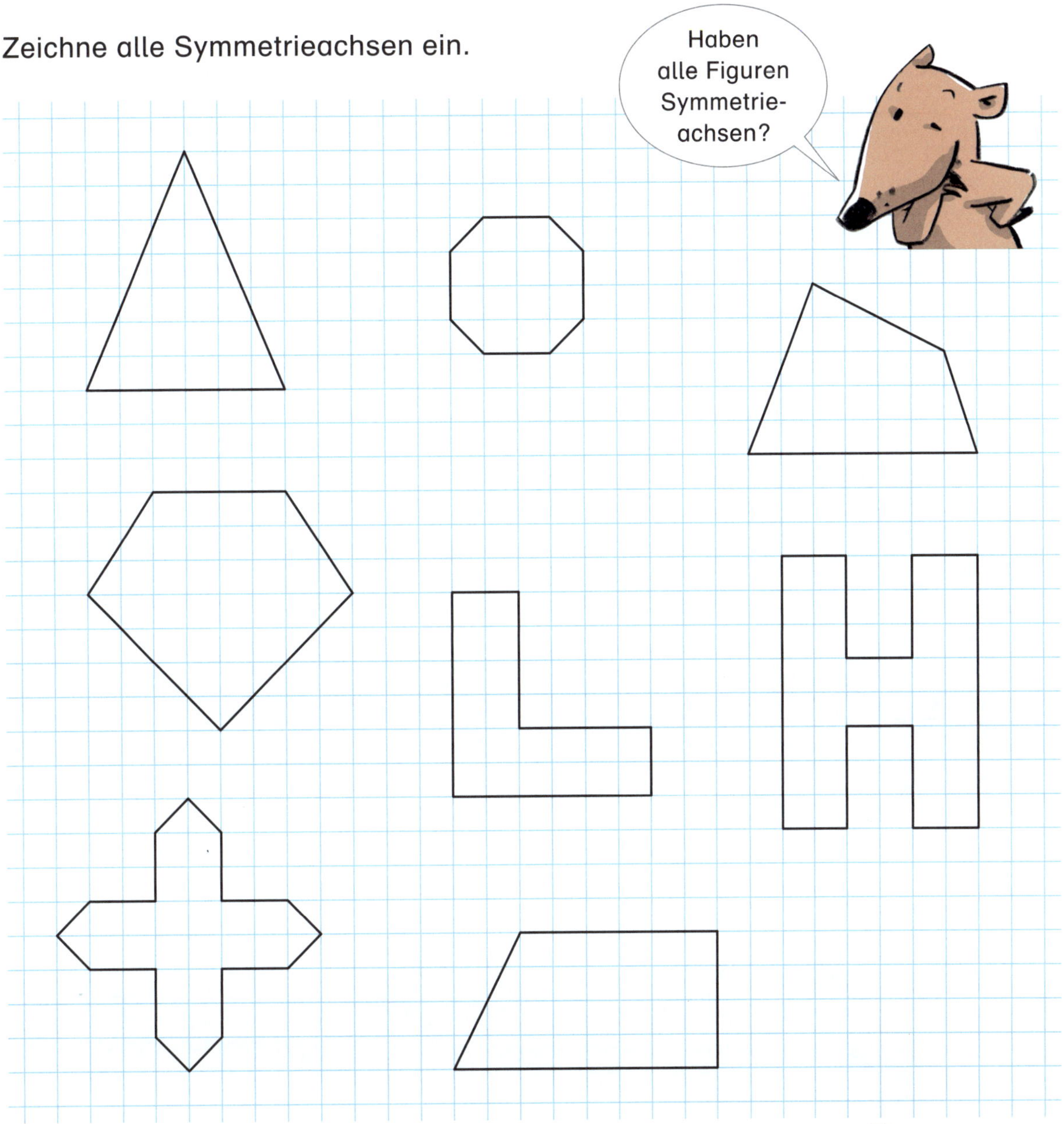

Haben alle Figuren Symmetrieachsen?

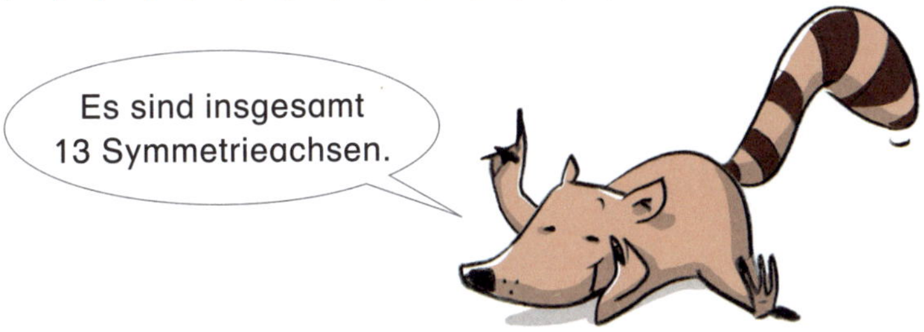

Es sind insgesamt 13 Symmetrieachsen.

2 a) Das Dreieck 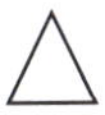 △ bei Aufgabe 1 ist achsensymmetrisch. Begründe.

_____

_____

b) Das Trapez ⟋▢ bei Aufgabe 1 ist nicht achsensymmetrisch. Begründe.

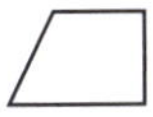

_____

_____

1 Ergänze die Figuren achsensymmetrisch.

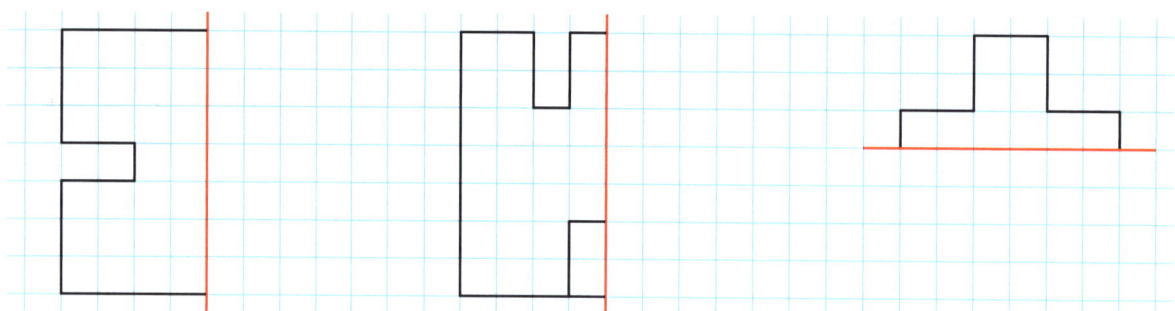

2 Ergänze die Figuren achsensymmetrisch.

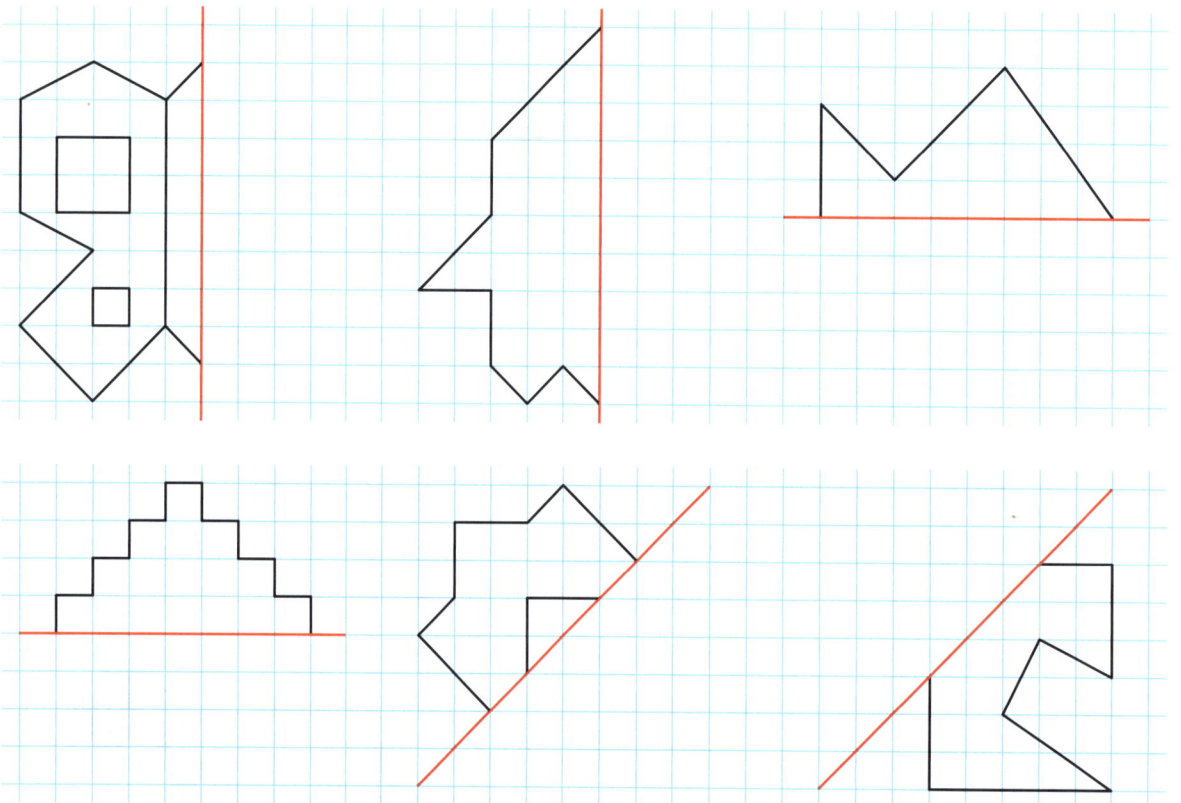

3 Spiegle alle Linien und Punkte an der Symmetrieachse.

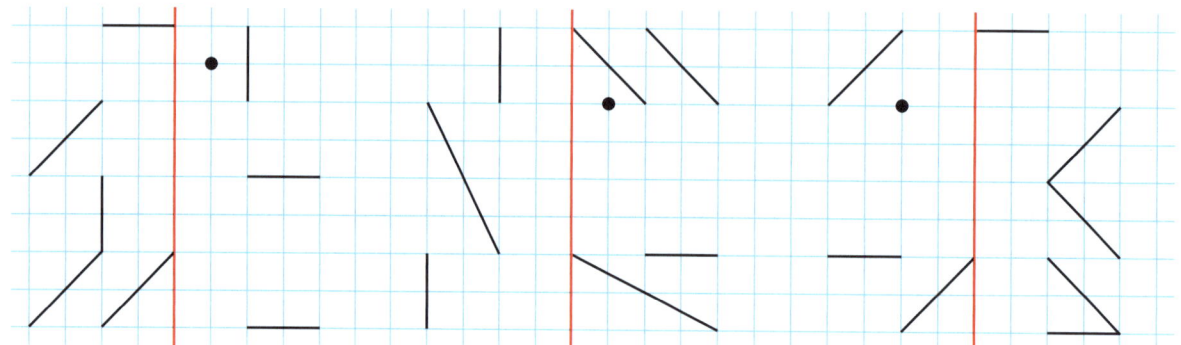

Fredo 3 Mathematik – Arbeitsheft © 2015 Cornelsen Schulverlage GmbH, Berlin

1 Herr und Frau Müller fahren mit der Bahn von München nach Hamburg. Wie viel Euro müssen sie für die Fahrt bezahlen?

Fahrpreise (einfache Fahrt), 2. Klasse

München – Frankfurt $\quad$ 98 Euro
München – Hamburg $\quad$ 142 Euro
München – Essen $\qquad$ 123 Euro

Kinder bis 14 Jahre fahren in Begleitung kostenlos mit!

Die Fahrpreise findest du hier.

Sie müssen für die Fahrt _____ bezahlen.

2 Die 9-jährige Jana fährt mit ihren Großeltern und ihrem kleinen Bruder von München nach Frankfurt.
a) Wie viel Euro kostet die Fahrt?
b) Wie viel Euro müssen sie für Hin- und Rückfahrt bezahlen?

a) Sie müssen für die Fahrt _____ bezahlen.

b) Sie müssen für Hin- und Rückfahrt _____ bezahlen.

3 Herr und Frau Krämer fahren mit ihren zwei Kindern (9 und 16 Jahre) von München nach Essen und wieder zurück. Wie viel Euro kostet die Fahrt für die Familie?

Die Fahrt kostet für die Familie _____.

4 Anni überlegt: Wie viel Euro müssen wir bei dem Angebot mindestens bezahlen, wenn wir (Mama, Papa, meine Brüder: 7, 12 und 15 Jahre und ich) nach Köln fahren? Begründe deine Antwort.

Sparangebot der Bahn

• Reisen zu zweit durch ganz Deutschland (einfache Fahrt) $\qquad$ ab 49 €
• Jede weitere Person (maximal 3 Personen) $\quad$ ab 20 €
• Kinder unter 15 Jahren kostenlos

Kannst du das? 5

1 Vierecke benennen und zeichnen

Das Viereck hat vier gleich lange Seiten und vier rechte Winkel.

Das Viereck heißt _____.

2 Schriftlich subtrahieren

a) 755 – 324   b) 516 – 275   c) 645 – 66   d) 965 – 787

e) 506 – 237   f) 852 – 474   g) 724 – 308   h) 605 – 387

3 Weglängen berechnen

Weg A:

Weg B:

60

Fredo 3 Mathematik – Arbeitsheft © 2015 Cornelsen Schulverlage GmbH, Berlin

4 Auf 1 Kilometer ergänzen

1 km	456 m	673 m	52 m	889 m	345 m	76 m	112 m

5 Geldbeträge überschlagen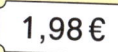

a) Anni hat 10 €.

1,98 €   2,75 €   5,45 €

b) Anton hat 15 €.

4,63 €   5,95 €   2,59 €

Reicht das Geld? Überschlage. Rechne genau, wenn der Überschlag größer ist als das zur Verfügung stehende Geld.

6 Symmetrieachsen einzeichnen

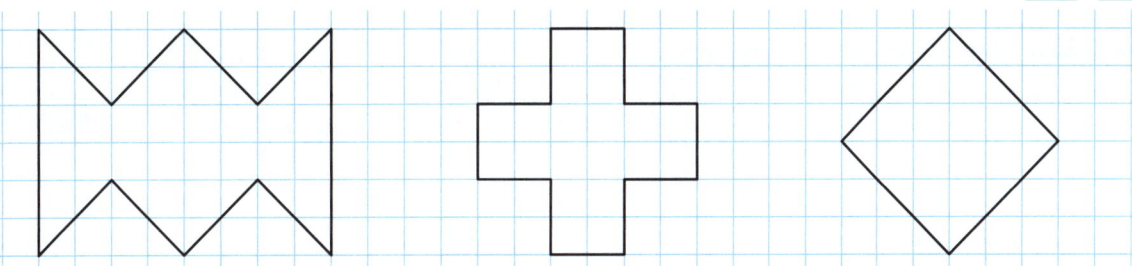

7 Figuren achsensymmetrisch ergänzen

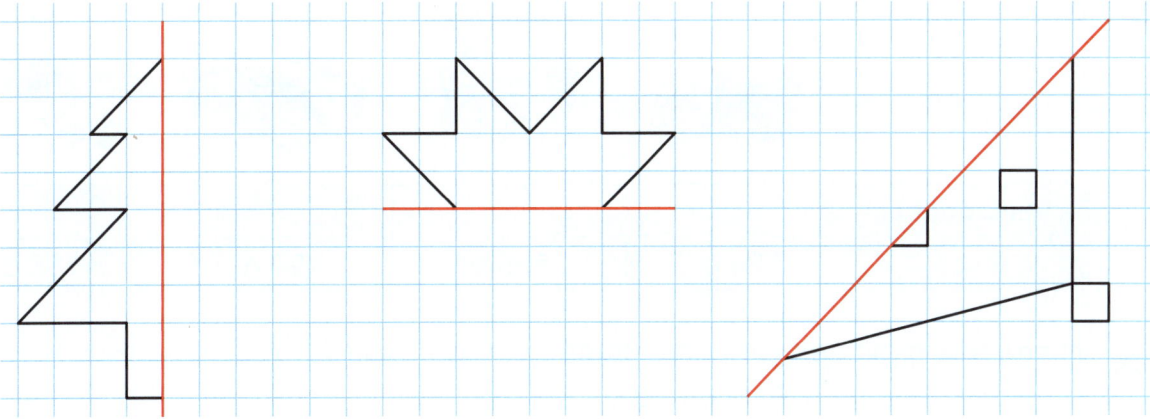

1 Wie schwer sind die Früchte?

Apfel: _____   Melone: _____   Mango: _____

2 Du hast diese 12 Gewichtssteine:

     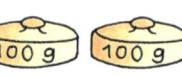  

1g 2g 2g 5g 10g 10g 20g 50g 100g 100g 200g 500g

Wiege folgende Gewichte mit möglichst wenigen Gewichtssteinen.

a) 400 g: _____   b) 167 g: _____

800 g: _____   524 g: _____

275 g: _____   77 g: _____

3 Ergänze auf 1 Kilogramm.

a) 700 g + _____ = 1 kg   b) 330 g + _____ = 1 kg   c) 429 g + _____ = 1 kg

850 g + _____ = 1 kg   680 g + _____ = 1 kg   901 g + _____ = 1 kg

450 g + _____ = 1 kg   160 g + _____ = 1 kg   99 g + _____ = 1 kg

4 Wie viel ist noch in der Packung?

verbraucht	70 g	125 g	290 g	105 g
Rest				

5 Wie viel wurde verbraucht?

verbraucht				
Rest	120 g	555 g	30 g	135 g

Wiege 555 g mit den Gewichtssteinen von Aufgabe 2.
Finde verschiedene Möglichkeiten.

Fredo 3 Mathematik – Arbeitsheft © 2015 Cornelsen Schulverlage GmbH, Berlin

1 Ordne die Gewichte der Größe nach. Beginne mit dem kleinsten.

5 kg 500 g 50 g 50 kg 5 g 500 kg 550 g

_____

2 kg oder g? Trage richtig ein.

Anton sagt: „Ich wiege 28 ____. Meine Schultasche wiegt heute 2 ____ 900 ____.

Mein roter Farbstift wiegt 12 ____. Meine Katze wiegt 8 ____. Der Hund

der Nachbarn wiegt 15 ____ 800 ____. Mein Fahrrad wiegt ungefähr 16 ____."

3 Wie schwer sind die einzelnen Körbe mit Inhalt? Der leere Korb wiegt 680 g.

4 Ordne den Tieren das passende Gewicht zu.

20 g   8 kg   250 kg   20 kg   50 kg   750 kg

5 Kann das stimmen?   Erkläre.

Emilio behauptet: „Alle Kinder meiner Klasse wiegen zusammen 1000 kg.
Wir sind insgesamt 20 Kinder."

_____

Fredo 3 Mathematik – Arbeitsheft © 2015 Cornelsen Schulverlage GmbH, Berlin

1 Lege mit dem Material und rechne.

a) 2 · 3 = _____   b) 3 · 5 = _____   c) 4 · 4 = _____   d) 4 · 6 = _____

2 · 30 = _____   3 · 50 = _____   4 · 40 = _____   4 · 60 = _____

2 Rechne. Die kleine Aufgabe hilft.

a) 5 · 8 = _____   b) 6 · ___ = _____   c) 8 · ___ = _____   d) 5 · ___ = _____

5 · 80 = _____   6 · 70 = _____   8 · 90 = _____   5 · 50 = _____

3 Rechne.

a)

·	3	30	6	60
7				
8				
9				

·	4	40	8	80
1				
3				
5				

·	5	50	10	100
9				
7				
5				

b)

·	7	70	8	80
4				
		420		
				640

·			9	90
	18			540
			270	81
	30			

·				
2		100		
4	20		24	
6				360

 Was fällt euch bei den Tabellen auf?

4 Finde möglichst viele Malaufgaben.

Das Ergebnis soll größer als 100 und kleiner als 200 sein.

Das Ergebnis soll größer als 300 und kleiner als 400 sein.

 Vergleiche mit deinem Partner.

Fredo 3 Mathematik – Arbeitsheft © 2015 Cornelsen Schulverlage GmbH, Berlin

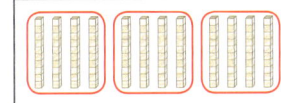

1 Rechne.

a)   42 : 6 = _____   b)   28 : 4 = _____   c)   25 : 5 = _____

420 : 6 = _____   280 : 4 = _____   250 : 5 = _____

12 Z : 3 = 4 Z

2 Rechne.

:	3	6
12		
120		
24		
240		

:	2	4
16		
160		
20		
200		

:	4	8
24		
240		
32		
320		

:	6	9
18		
180		
36		
360		

3 Rechne.

a)   35 : 7 = ___   b)   21 : 7 = ___   c)   32 : 4 = ___

350 : 70 = ___   210 : 70 = ___   320 : 40 = ___

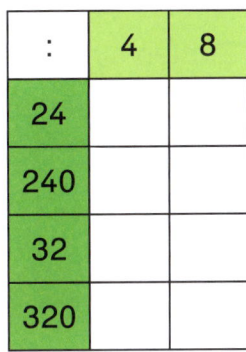

12 Z : 4 Z = 3

4 Setze ein: $<$, $>$, $=$.

240 : 30 ◯ 240 : 40   540 : 90 ◯ 250 : 50   120 : 10 ◯ 250 : 5

560 : 80 ◯ 560 : 70   720 : 80 ◯ 900 : 90   420 : 60 ◯ 49 : 7

360 : 60 ◯ 480 : 80   490 : 70 ◯ 810 : 90   500 : 5 ◯ 280 : 4

5 Zahlenrätsel

a)   Multipliziere 30 mit 6 und dividiere dann durch 3.

Du erhältst die Zahl _____.

b)   Dividiere 150 durch 5 und multipliziere dann mit 4.

Du erhältst die Zahl _____.

6 Zahlenrätsel

a)   Wenn ich meine Zahl mit 4 multipliziere und dann 30 addiere, erhalte ich 150.

Die Zahl heißt _____.

b)   Wenn ich meine Zahl durch 7 dividiere und dann 20 subtrahiere, erhalte ich 50.

Die Zahl heißt _____.

Schreibe selbst ein Zahlenrätsel wie bei Aufgabe 5 oder 6.

Vielfache und Teiler

1 Notiere die Vielfachen von 2, die zwischen 40 und 60 liegen.

_____, _____, _____, _____, _____, _____, _____, _____, _____

Finde alle Teiler von 18.   Finde alle Teiler von 20.

_____, _____, _____, _____, _____, _____   _____, _____, _____, _____, _____, _____

2 Stimmt das? Überprüft und kreuzt an.

	richtig	falsch
a) Alle geraden Zahlen sind durch 2 teilbar.	☐	☐
b) Jedes Vielfache von 10 ist ein Vielfaches von 2.	☐	☐
c) 45 ist ein Vielfaches von 5 und von 2.	☐	☐
d) 32 ist teilbar durch 2, 4 und 8.	☐	☐
e) Die Zahlen 1, 2, 3, 4, 5, 6, 9, 12, 18, 36 sind Teiler von 36.	☐	☐

3 Löse die Zahlenrätsel.

a) Anni addiert zum Fünffachen von 7 das Doppelte von 300.

Sie erhält die Zahl _____.

b) Anton subtrahiert von der Hälfte von 1000 das Zehnfache von 9.

Er erhält die Zahl _____.

4 Löse die Zahlenrätsel.

a) Kim addiert zum Achtfachen von 40 das Siebenfache ihrer Zahl. Als Ergebnis erhält sie 355.

Kims Zahl heißt _____.

b) Ali subtrahiert vom Fünffachen seiner Zahl das Sechsfache von 70 und erhält die Hälfte von 160.

Alis Zahl heißt _____.

5 Bilde Mannschaften. In jeder Mannschaft sollen gleich viele Kinder sein. Notiere alle Möglichkeiten.

a) 18 Schüler _____

b) 30 Schüler _____

Schreibe selbst Zahlenrätsel wie bei Aufgabe 3 oder 4.

1 Lena und ihr Bruder Ben sind zusammen 21 Jahre alt. Lena ist halb so alt wie Ben.

Wie alt ist Lena?
Wie alt ist Ben?
Probiere weiter.

Lena ist _____ Jahre alt.

Ben ist _____ Jahre alt.

Lena	Ben	beide zusammen	zu viel? zu wenig?
4	8	12	zu wenig
5	10	15	zu wenig
8	16	24	zu viel

2 Löse die Knobelaufgabe mit der Tabelle.

Mein Großvater ist doppelt so alt wie mein Vater. Beide zusammen sind 105 Jahre alt.

Toms Großvater ist _____ Jahre alt.

Toms Vater ist _____ Jahre alt.

Groß-vater	Vater	beide zusammen	zu viel? zu wenig?
60	30		

3 Olga und ihre Oma sind zusammen 83 Jahre alt. Oma ist 65 Jahre älter als Olga.

Olga ist _____ Jahre alt.

Olgas Oma ist _____ Jahre alt.

Olga	Oma	beide zusammen	zu viel? zu wenig?
5	70		

4 Klara ist doppelt so alt wie ihre Schwester Maren und halb so alt wie ihr Bruder Max. Zusammen sind sie 21 Jahre alt.

Klara ist _____ Jahre alt.

Maren ist _____ Jahre alt.

Max ist _____ Jahre alt.

1 Pia und Tim wollen Ali einen Schal in den Farben rot und weiß stricken. Pia strickt den weißen Teil und Tim den roten. Der rote Teil ist 20 cm länger als der weiße Teil. Zum Schluss näht Pia beide Teile aneinander. Der Schal ist jetzt genau 180 cm lang.

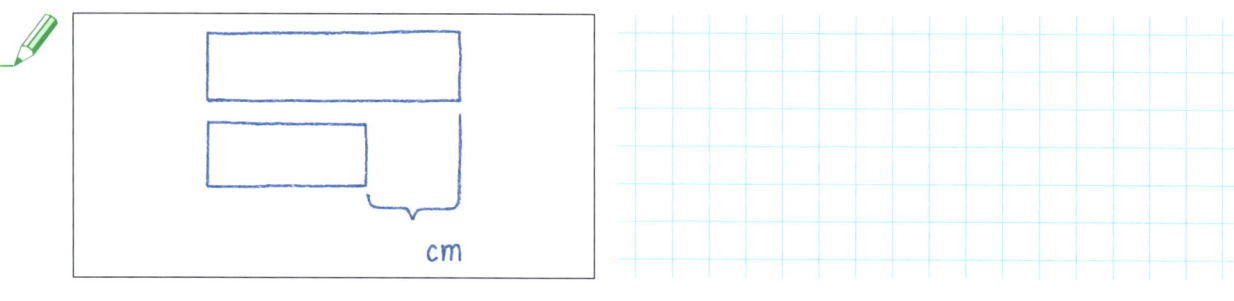

Pia hat _____ cm gestrickt. Tim hat _____ cm gestrickt.

2 Noemi, Lukas und Klara stricken einen Schal. Noemi strickt den blauen Teil, Lukas strickt den roten und Klara strickt den weißen. Der blaue und der rote Teil sind gleich lang. Der weiße Teil ist 20 cm länger als der rote. Zusammengenäht sind die drei Teile 170 cm lang.

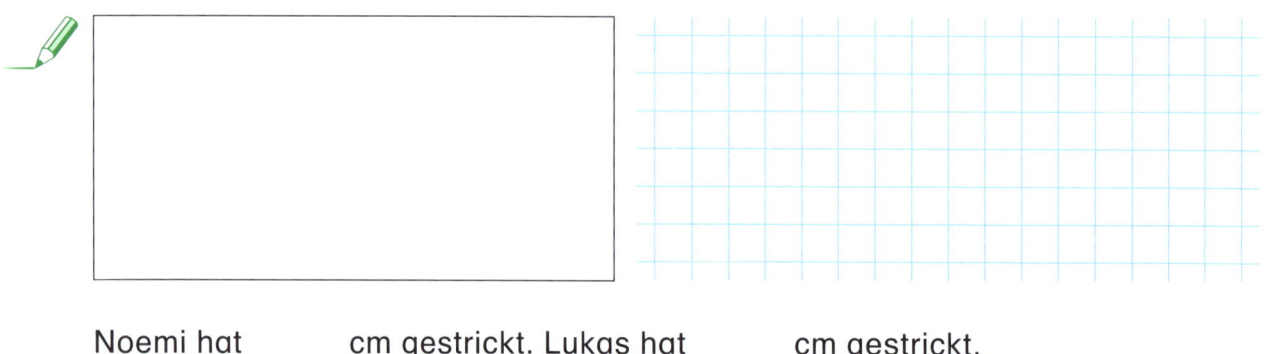

Noemi hat _____ cm gestrickt. Lukas hat _____ cm gestrickt.

Klara hat _____ cm gestrickt.

3 Einige Kinder haben für die Lehrerin einen Schal gestrickt. Er ist 4,20 m lang. Der Schal wurde an sechs Stellen zusammengenäht. Alle Teile sind gleich lang. Wie viele Teile sind es und wie lang sind sie?

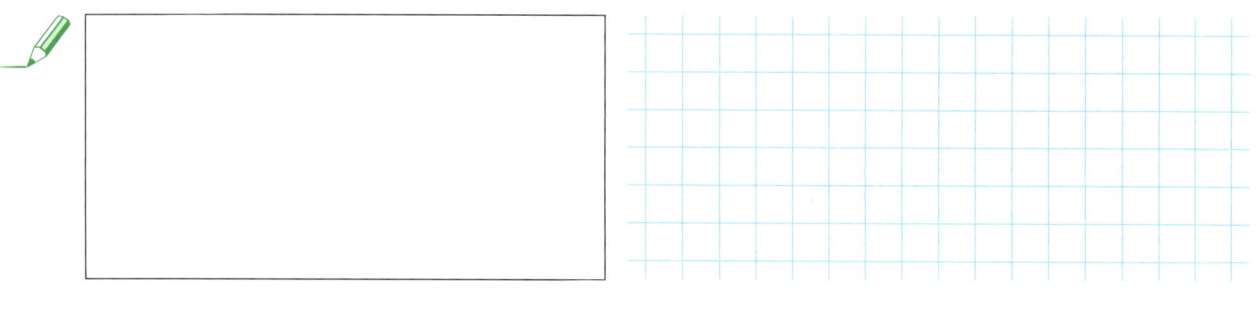

Antwort: _____

Fredo 3 Mathematik – Arbeitsheft © 2015 Cornelsen Schulverlage GmbH, Berlin

1 Tim wünscht sich einen neuen Rucksack. Er kostet 49 Euro.
Tim hat schon 22 Euro gespart.
Opa schenkt ihm 7 Euro. Tims Patentante gibt den Rest dazu.
Wie viel Euro gibt Tims Patentante dazu?

Markiere im Text die Informationen, die du zum Rechnen brauchst.
Rechne und antworte.

Antwort: _____

2 Kim möchte sich neue Inliner kaufen. Sie kosten 88 Euro.
Die Hälfte des Geldes hat Kim schon gespart. Ihre Eltern
sagen: „Du bekommst 10 Euro Taschengeld im Monat. Wenn
du es noch drei Monate sparst, geben wir dir den Rest dazu."
Wie viel Euro geben Kims Eltern dazu?

Markiere im Text die Informationen, die du zum Rechnen brauchst.
Rechne und antworte.

Antwort: _____

3 Tobi wünscht sich ein Fußballtrikot von seinem Lieblings-
verein. Es kostet 49,95 Euro. Dazu hätte er gerne noch einen
Schal für 12 Euro und eine Sporttasche für 24,95 Euro.
42 Euro hat er schon gespart. Seine Mutter und sein Vater geben
ihm jeweils 15 Euro dazu. Wie viel Euro fehlen Tobi noch?

Antwort: _____

1 Umrande die Ausgangsfigur. Zeichne die begonnene Parkettierung in alle Richtungen weiter.

 2 Umrande die Ausgangsfigur. Zeichne die begonnene Parkettierung in alle Richtungen weiter.

a)
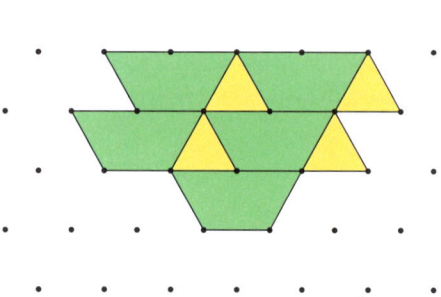

b)
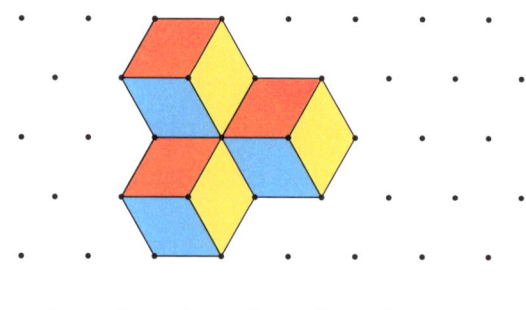

 Beschreibt die Ausgangsfigur. Wie entsteht aus ihr die Parkettierung?

 3 Umrande die Ausgangsfigur. Zeichne die begonnene Parkettierung in alle Richtungen weiter. Beschreibe die Parkettierung.

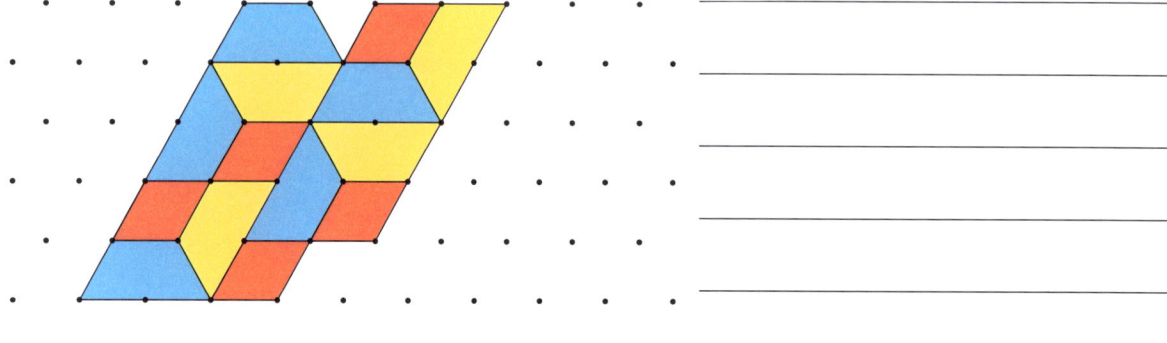

_____
_____
_____
_____
_____
_____

Fredo 3 Mathematik – Arbeitsheft © 2015 Cornelsen Schulverlage GmbH, Berlin

1 Rechne.

```
3 · 26 = _____
3 · 20 = _60_
3 ·  6 = ___
60 + ___ = ____
```

```
4 · 23 = _____
4 · 20 = ___
4 ·  3 = ___
___ + ___ = ____
```

```
2 · 36 = _____
2 · 30 = ___
2 ·  6 = ___
___ + ___ = ____
```

```
5 · 24 = _____
5 · ___ = _____
5 · ___ = _____
___ + ___ = ____
```

```
5 · 53 = _____
5 · ___ = _____
5 · ___ = _____
___ + ___ = ____
```

```
6 · 47 = _____
6 · ___ = _____
6 · ___ = _____
___ + ___ = ____
```

2 Rechne.

```
6 · 14 =
6 · 10 = 60
6 ·  4 = 24
60 + ___ =
```

```
7 · 46 =
```

```
4 · 37 =
```

```
3 · 27 =
```

```
8 · 34 =
```

```
9 · 43 =
```

81, 84, 148, 272, 322, 387

3 Wähle immer eine einstellige und eine zweistellige Zahl.
Sie sollen direkt nebeneinander oder untereinander
liegen. Multipliziere die beiden Zahlen.

34	5	73	8
7	63	2	57
83	3	47	4
6	49	93	8

a) Welche Aufgabe hat das kleinste Ergebnis? _____

b) Welche Aufgabe hat das größte Ergebnis? _____

1 Rechne.

$24 \cdot 3 =$ _____	
$20 \cdot 3 =$ _____	
$4 \cdot 3 =$ _____	
_____ $+$ ___ $=$ _____	

$54 \cdot 6 =$ _____	
$50 \cdot$ ___ $=$ _____	
$4 \cdot$ ___ $=$ _____	
_____ $+$ ___ $=$ _____	

$37 \cdot 7 =$ _____	
$30 \cdot$ ___ $=$ _____	
$7 \cdot$ ___ $=$ _____	
_____ $+$ ___ $=$ _____	

2 Rechne.

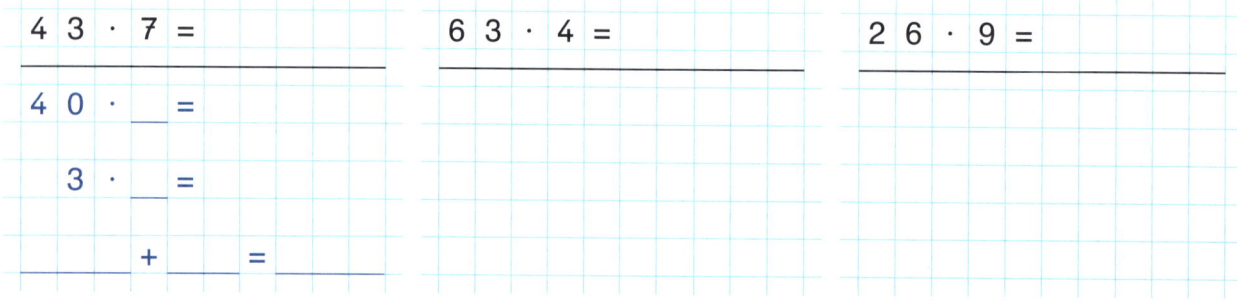

$43 \cdot 7 =$

$40 \cdot$ ___ $=$

$3 \cdot$ ___ $=$

_____ $+$ _____ $=$

$63 \cdot 4 =$

$26 \cdot 9 =$

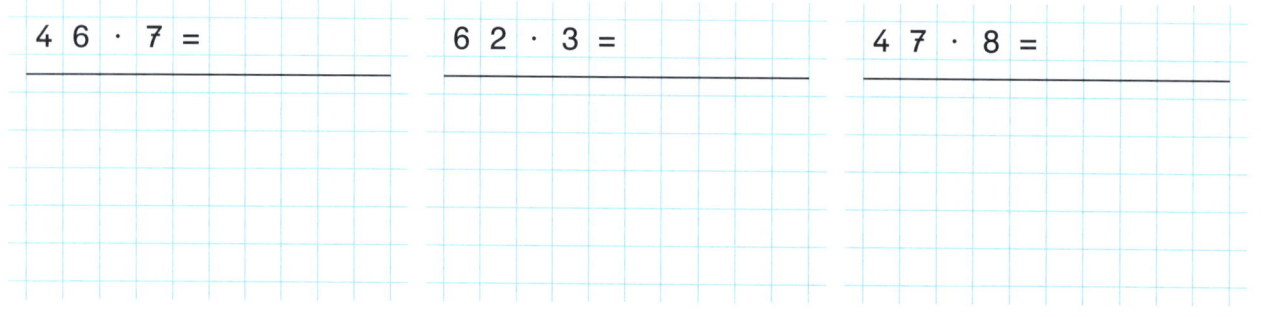

$46 \cdot 7 =$

$62 \cdot 3 =$

$47 \cdot 8 =$

186, 234, 252, 301, 322, 376

3 Rechne.

a) $6 \cdot 22 =$ _120_ $+$ _12_ $=$ _132_
$6 \cdot 23 =$ _____ $+$ _____ $=$ _____
$6 \cdot 24 =$ _____ $+$ _____ $=$ _____
$6 \cdot 25 =$ _____ $+$ _____ $=$ _____

b) $4 \cdot 34 =$ _120_ $+$ _16_ $=$ _136_
$4 \cdot 35 =$ _____ $+$ _____ $=$ _____
$4 \cdot 36 =$ _____ $+$ _____ $=$ _____
$4 \cdot 37 =$ _____ $+$ _____ $=$ _____

c) $11 \cdot 7 =$ _70_ $+$ _7_ $=$ _77_
$22 \cdot 7 =$ _____ $+$ _____ $=$ _____
$33 \cdot 7 =$ _____ $+$ _____ $=$ _____
$44 \cdot 7 =$ _____ $+$ _____ $=$ _____

d) $37 \cdot 5 =$ _____ $+$ _____ $=$ _____
$36 \cdot 6 =$ _____ $+$ _____ $=$ _____
$35 \cdot 7 =$ _____ $+$ _____ $=$ _____
$34 \cdot 8 =$ _____ $+$ _____ $=$ _____

Schaut euch die Ergebnisse bei jedem Päckchen an. Was fällt euch auf?

Fredo 3 Mathematik – Arbeitsheft © 2015 Cornelsen Schulverlage GmbH, Berlin

1

·	30	7	37
3			
4			
5			

·	80	4	84
3			
5			
6			

·	70	2	72
2			
5			
7			

·	60	5	65
3			
6			
8			

·	200	40	240
2			
4			
3			

·	100	60	160
2			
4			
5			

2 a) Immer drei Aufgaben gehören zusammen. Markiere mit der gleichen Farbe.

b) Rechne aus. Beginne jeweils mit der leichtesten Aufgabe.

$4 \cdot 122 =$ _____

$4 \cdot 100 =$ _____

$5 \cdot 200 =$ _____

$3 \cdot 110 =$ _____

$5 \cdot 210 =$ _____

$4 \cdot 120 =$ _____

$3 \cdot 100 =$ _____

$3 \cdot 117 =$ _____

$5 \cdot 211 =$ _____

$2 \cdot 350 =$ _____

$2 \cdot 300 =$ _____

$2 \cdot 354 =$ _____

3 Finde jeweils zwei verschiedene Rechenwege.

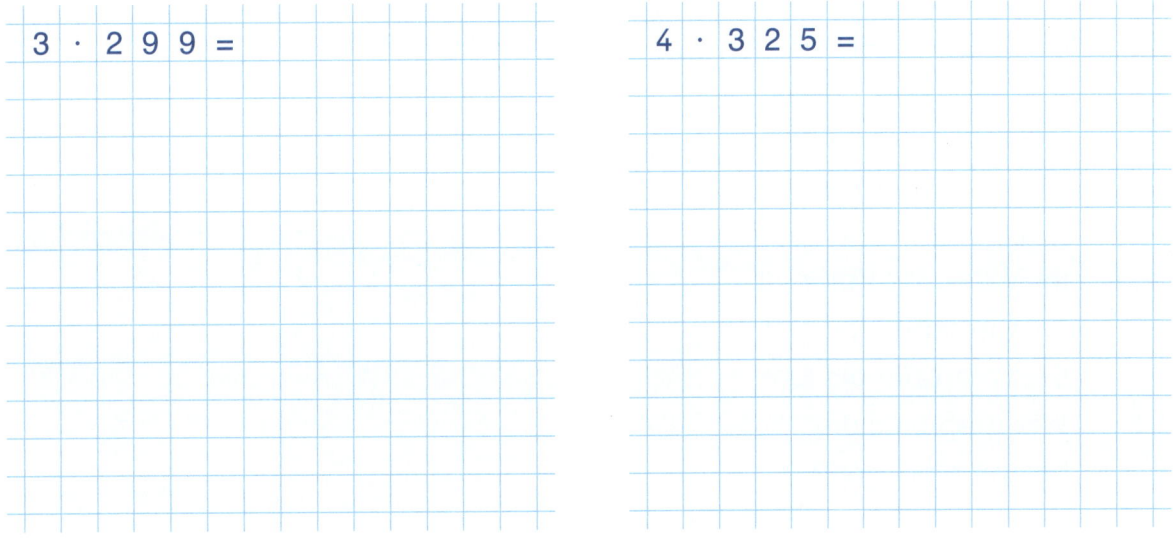

$3 \cdot 299 =$

$4 \cdot 325 =$

Vergleiche mit deinem Partner.

Kannst du das? 6

1 Auf 1 Kilogramm ergänzen

1 kg	465 g	736 g	25 g	988 g	305 g	67 g	211 g

2 Gewichte zerlegen

Du hast diese 12 Gewichtssteine:

1g 2g 2g 5g 10 g 10 g 20 g 50 g 100 g 100 g 200 g 500 g

Wiege folgende Gewichte mit möglichst wenigen Gewichtssteinen.

a) 900 g: _____

   310 g: _____

   257 g: _____

b) 224 g: _____

   615 g: _____

   92 g: _____

3 Gewichte richtig zuordnen

1200 kg   2 kg   1 g   290 kg   30 kg

 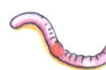   

4 Sachaufgaben mit Skizze  oder Tabelle lösen

Julia und ihre kleine Schwester Lea sind zusammen so groß wie ihr Vater. Ihr Vater ist 1,95 m groß. Julia ist 59 cm größer als Lea. Wie groß sind die beiden Mädchen?

Antwort: _____

Fredo 3 Mathematik – Arbeitsheft © 2015 Cornelsen Schulverlage GmbH, Berlin

5 Wichtige Informationen markieren und Sachaufgaben lösen

Tim wünscht sich ein neues
Fahrrad. Es kostet 140 €.
Zum Geburtstag bekommt er
von seiner Oma 25 €.
In seinem Sparschwein sind 91 €.
Von seinem Taschengeld spart
er jeden Monat 8 €. Wie viele
Monate muss er noch sparen?

Antwort: _____

6 Mit Zehnerzahlen multiplizieren und Zehnerzahlen dividieren

·	30	50	70	80
3				
7				
9				

:	3	6
60		
180		
240		

:	40	80
80		
320		
160		

7 Vielfache und Teiler finden

a) Alle Vielfachen von 3, die zwischen 20 und 40 liegen:

_____, _____, _____, _____, _____, _____, _____

b) Alle Teiler von 48:

_____, _____, _____, _____, _____, _____, _____, _____, _____, _____

8 Halbschriftlich multiplizieren

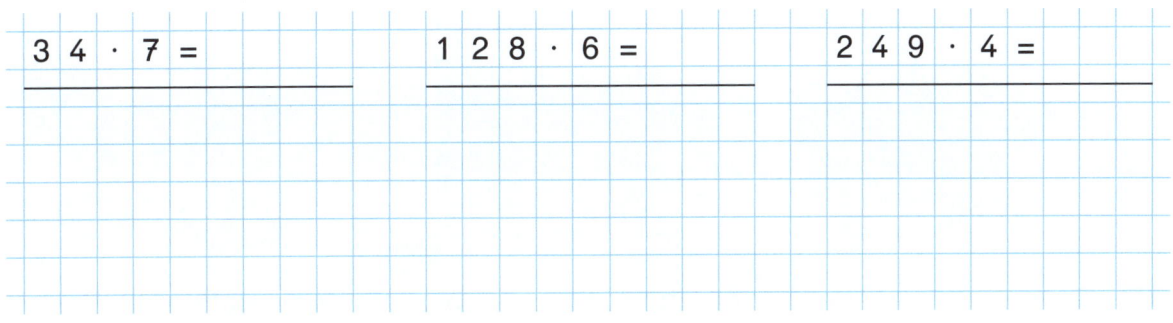

3 4 · 7 =   1 2 8 · 6 =   2 4 9 · 4 =

Fredo 3 Mathematik – Arbeitsheft © 2015 Cornelsen Schulverlage GmbH, Berlin

1 Ordne jedem Würfelgebäude den passenden Bauplan zu. Ein Plan bleibt übrig.

3	2	2
2	1	1
2	1	1

3	3	1
1	1	1
1	0	0

3	3	3
2	2	2
1	1	1

3	3	3
2	2	1
1	1	0

1	3	3
1	1	1
0	0	1

2 Wie viele kleine Würfel brauchst du, um die Gebäude zu Annis Würfel zu ergänzen?

_____ Würfel   _____ Würfel   _____ Würfel

3 Immer zwei Teile ergeben einen Würfel. Verbinde.
Ein Teil bleibt übrig.

Baue verschiedene Würfelgebäude aus 18 Würfeln und zeichne die Baupläne.

Fredo 3 Mathematik – Arbeitsheft © 2015 Cornelsen Schulverlage GmbH, Berlin

Fredo 3 Mathematik – Arbeitsheft © 2015 Cornelsen Schulverlage GmbH, Berlin

1 Fredo zieht eine Hose, ein T-Shirt und eine Kappe an. Finde alle Möglichkeiten. Vervollständige das Baumdiagramm.

2 Wie viele Möglickeiten gäbe es, wenn Fredo vier verschiedene Kappen hätte?

Knobeleien und Zahlenfolgen

PST!
Punktrechnung vor
Strichrechnung.

1 Rechne. Denke an die PST-Rechenregel.

a) 5 · 9 − 5 = _____

20 − 10 : 2 = _____

b) 6 · 8 + 2 = _____

50 + 3 · 10 = _____

c) 30 : 5 − 6 = _____

100 − 2 · 5 = _____

2 Rechne. Denke an die PST-Rechenregel.

a) 28 : 4 + 3 = _____

70 + 4 · 5 = _____

100 − 50 : 5 = _____

b) 6 · 9 + 6 = _____

100 : 20 + 5 = _____

20 − 2 · 6 = _____

c) 3 · 8 − 4 = _____

6 · 6 + 4 = _____

80 − 3 · 5 = _____

3 Setze die richtigen Rechenzeichen ein: ⊕, ⊖, ⊙, ⊙.

6 ◯ 7 ◯ 2 = 44   100 ◯ 5 ◯ 5 = 25   500 ◯ 5 ◯ 50 = 50

70 ◯ 2 ◯ 5 = 40   80 ◯ 2 ◯ 10 = 150   1000 ◯ 2 ◯ 500 = 0

4 Wie geht es weiter? Wie lautet die Regel? Setze die Zahlenfolge fort.

a) 5, 15, 10, _____, _____, _____, _____, 210

· 3   −
5 ⟶ 1 5 ⟶ 1 0

b) 625, 125, 250, 50, _____, _____, _____, _____, 16

5 Erfinde eine passende Zahlenfolge und notiere die Regel.
Verwende zwei verschiedene Rechenarten.

_____, _____, _____, _____, _____, _____, 1000

Fredo 3 Mathematik – Arbeitsheft © 2015 Cornelsen Schulverlage GmbH, Berlin

Abschied von der 3. Klasse

1 Immer 1000

2 Bilde mit den Ziffernkarten zwei dreistellige Zahlen und addiere sie.
Das Ergebnis soll größer als 500 sein. Rechne fünf Aufgaben.

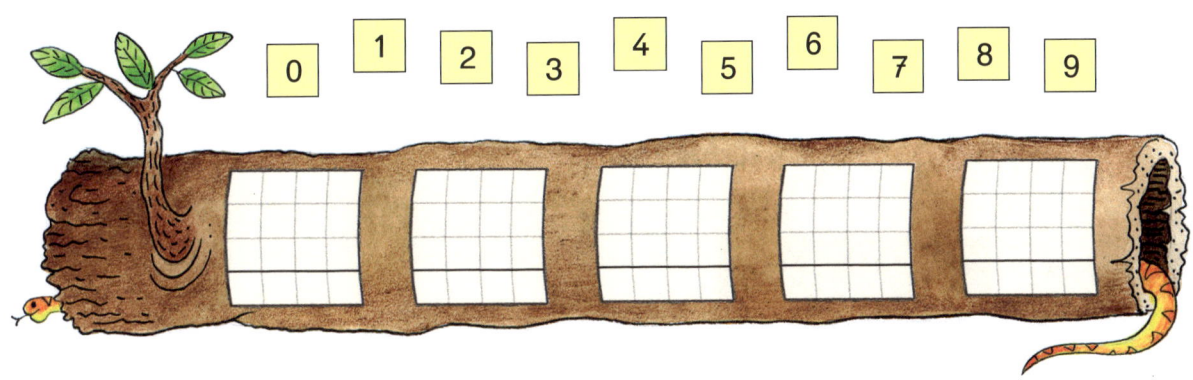

3 Schreibe untereinander und subtrahiere.

a) 732 – 281   b) 903 – 618   c) 18,37 € – 5,84 €   d) 36,05 € – 12,17 €

4 Wähle zwei Zahlen und bilde eine Minusaufgabe.
Das Ergebnis soll zwischen 200 und 300 liegen. Rechne fünf Aufgaben.

732   476   641   395   189   884

1 Rechne im Kopf.

5 · 14 = _____
7 · 13 = _____
2 · 18 = _____
6 · 17 = _____

12 · 8 = _____
16 · 4 = _____
15 · 7 = _____
19 · 3 = _____

88 : 8 = _____
45 : 5 = _____
36 : 4 = _____
72 : 8 = _____

42 : 6 = _____
36 : 3 = _____
49 : 7 = _____
100 : 2 = _____

2 Multipliziere halbschriftlich. Das Ergebnis soll größer als 500 sein.
Rechne vier Aufgaben.

293
126
187

3
5
7

3 Zahlenrätsel

Teile 450 durch 9 und addiere das Doppelte von 75.

Addiere zum Siebenfachen von 13 das Fünffache von 60.

Multipliziere 50 mit 8 und subtrahiere das Dreifache von 50.

Fredo 3 Mathematik – Arbeitsheft © 2015 Cornelsen Schulverlage GmbH, Berlin